中国化人才心理测评

鞠强 主编

复旦大学出版社

内容简介

人力资源是企业经营中最宝贵、最富潜能的资源。如何考量员工的主流品质，识准人、用好人，无疑是企业领导人颇为操心的问题。把心理测量技术运用于人力资源管理，从而形成人才测评技术，发端于西方。但简单照搬西方技术，实践中效果并不理想。作者近几年来投入大量人力、财力深入研究，结合中国人的特点，开发出以中国人常模为基础的软件化人才测评量表和一些以活动形式进行人才测评的行之有效的测评方法，获得使用单位的一致好评。

本书共两篇。其中，上篇"实务操作篇"展现了中国化人才心理测评的精要部分，如创新能力测试、销售潜能测试、诚信测试、领导能力测试、跳槽倾向测试、放松测试、敬业倾向测试、人—岗匹配测试指南等。而下篇"理论进阶篇"则简要介绍有关人才测评的理论知识，包括国际上公认的智力测验、人格测验、知识测验等，相信读者阅览后会有所启发。

本书既可供大专院校相关专业师生选作教材，也可供企业领导和管理人员参考使用。

自 序 Preface

中国化人才心理测评

本书是初版13年后重版。13年来，"鞠门学派"以管理心理学和管理哲学为基础，已经变成了一个庞大的体系，正规的鞠门弟子要学我面授的30门课，有领导心理学、沟通心理学、创新心理学、催眠心理学、营销管理心理学、文字潜意识分析心理学、图画潜意识分析心理学、身体语言潜意识分析心理学、心理量表设计、组织控制体系设计、消费心理学、谈判心理学、促销心理学、演讲心理学、绩效管理学、战略学、二元相对平衡管理哲学（鞠门独有）、开放组织哲学、人本主义哲学、公共管理心理学、历史心理学、心理学视角的诸子百家、心理学视角的经济学等，弟子除学习组织管理和社会管理知识外，还须学习自身的心理健康、生理健康管理，以及家庭管理，为此开的课有情绪管理心理学、鞠门独有的3套以绵拳为外表实质是自我催眠的身心调整术（是三门独立的课）——亲子心理学、婚姻心理学，以及心理学干预减肥技术。当然，课程是变化的，量表化的心理测量是其中一门重要的课。

把心理测量技术运用于人力资源管理，从而形成人才测评技术是从西方传入中国的。但是，实践中照搬西方测量表是极

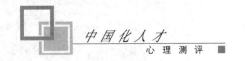

端错误的,因为中国人的心理、文化、环境与西方人相差太大,特别是在中国绝不可以单纯用西方的常模。然而,结合中国人的特点,开发以中国人常模为基础的人才测评量表是需要庞大资金作为支撑的,并且这种研究很可能由于知识产权保护的问题而使研究者的权益受损。因此,在国内很少有人敢大规模从事此领域的研究。

举例而言,每份量表光常模就需3 000个样本,街头取样,每人最低给予礼品50元,再加上工作人员工资,一次成功的取样最低成本是20万元人民币。这只是费用之一。

作为本书的作者,我非常有幸因家族企业支撑而获得了庞大的资金,支持了我的研究。为此,作者成立了一个研究小组——"鞠门学派人才心理测评研究小组",从事人才测评量表的研究,对常用的人才测评量表重新编题,建立了中国常模,并进行了严格的信度、效度检验。同时,鞠门学派人才心理测评研究小组也开发了一些以活动形式进行人才测评的方法,本书就是这么多年研究成果的汇总。为方便大家理解,其中部分数据没有列入书中。

谨以此书献给我亲爱的父母。因为没有他们当年高瞻远瞩地把作者送出深山进城读书,就没有作者今天的一切;没有他们悉心的培养和支持,也没有本书的出现。

同时也感谢人才心理测评研究小组的诸位成员,他们的努力工作使研究增色许多;感谢复旦大学心理研究中心孙时进主任,他许多富有远见的建议使得作者在研究工作中受到巨大的启发;感谢四位随行弟子叶青、刘胡娜、杨龙臣、苏长生,感谢他们自本科起追随老师十余年,给老师带来无穷快乐和帮助。

本人兴趣广泛,愿意和一切有兴趣探讨有关问题的朋友交流,欢迎与本人联系:juqiang100@sina.com。

作　者
2017年6月

上篇 实务操作篇

第一章 认识人才测评

第一节 人才测评的主要功用 ·········· 004
第二节 人才测评的主要方法 ·········· 006
第三节 软件化测试 ·········· 011

第二章 甄别有创造力的人才——鞠门学派创新能力测试

第一节 鞠门学派创新测评体系概述 ·········· 016
第二节 鞠门学派中式头脑风暴会 ·········· 017
第三节 简单测试法 ·········· 019
第四节 软件化创新能力心理测验 ·········· 024

第三章 找出最有潜质的销售员——鞠门学派销售潜能测试

第一节 销售人员招聘概述 ········· 031
第二节 招聘销售员的经验方法 ········· 032
第三节 软件化销售潜能测试的理论体系 ········· 036

第四章 识别说谎者——鞠门学派诚信测试

第一节 诚信管理概述 ········· 047
第二节 诚信测试方法 ········· 050
第三节 鞠门学派测评体系之诚信测试 ········· 055

第五章 谁是最有领导力的人——鞠门学派领导能力测试

第一节 领导能力简述 ········· 063
第二节 领导能力常用的评估方法 ········· 064
第三节 鞠门学派测评体系之领导能力管理游戏测试法 ········· 067
第四节 鞠门学派测试体系之领导能力软件化心理测试 ········· 069

第六章 寻找稳定的员工——鞠门学派跳槽倾向测试

第一节 员工离职（跳槽）管理 ········· 074
第二节 招聘中的跳槽倾向的鉴别 ········· 078
第三节 如何降低员工流动率 ········· 082

第七章 洞察斤斤计较的人——鞠门学派放松测试

第一节 斤斤计较的危害 ·· 087
第二节 斤斤计较测试举例 ·· 088
第三节 鞠门学派放松测试 ·· 092
第四节 防范和治疗的行为管理 ···································· 095

第八章 发现敬业者——鞠门学派敬业测试

第一节 员工敬业度管理 ·· 099
第二节 鞠门学派人才测评体系之员工敬业倾向测试 ·········· 102

第九章 测试指南

第一节 人—岗匹配测评流程图 ···································· 111
第二节 职务分析 ·· 112

下篇 理论进阶篇

第十章 人才测评的历史和现状

第一节 我国古代人才测评思想 ···································· 124
第二节 我国现代人才测评的发展 ································· 125
第三节 西方人才测评的历史发展 ································· 126
第四节 国外人才测评的现状 ······································· 129
第五节 我国人才测评的现状 ······································· 131

第十一章　心理测量原理

第一节　项目分析 ······ 137
第二节　信度 ······ 142
第三节　效度 ······ 150
第四节　量表与常模 ······ 156

第十二章　专业知识测验

第一节　知识测试分类 ······ 165
第二节　鞠门学派知识题库管理系统 ······ 168

第十三章　智 力 测 验

第一节　瑞文智力测验介绍 ······ 172
第二节　多维智力测验介绍 ······ 175

第十四章　人 格 测 验

第一节　自陈量表测验 ······ 180
第二节　投射技术 ······ 188
第三节　人格评定量表和情景测验 ······ 190

第十五章　信息化人才测评

第一节　信息化：人才测评手段的新变革 ······ 193

第二节　人才测评信息化的实现方式、理论依据和特点 ………… 194

第三节　人才测评信息化须注意的问题和展望 ………………… 198

附　录

附录一　鞠门学派人才心理测评质量控制体系 ………………… 202

附录二　鞠门学派人才测评体系研发管理模式 ………………… 203

附录三　鞠门学派人才测评体系研发质控 ……………………… 207

主要参考文献 ……………………………………………… 212

上篇　实务操作篇

认识人才测评

第一章

1

第一节 人才测评的主要功用

要想了解一个人的身高,拿尺子量一下即可;要想确切知道您的月用水量,看一下水表即可。同样,要把握一个人的发展潜能、个性特点、行为风格等特征,就通过人才测评来实现。

所谓人才测评是指通过应用心理学、管理学、测量学、考试学、系统论、计算机技术等多种学科的原理和方法,对社会各行业所需人才的知识水平、能力结构、道德品质、个性特点、职业倾向、发展潜力等多种素质进行测量和评价的一种选才体系。人力资源开发和管理的基础和前提是知人,知人才能善任。要充分开发和有效利用人才,就要借助现代人才测评技术来了解人的发展潜能和个性特征等。

经过近百年的探索与发展,国外的人才测评技术已经形成了科学、合理的体系,成为发现人才的有效方法,将人内在的心理特征进行科学量化,并寻求合理的解释。在美国等发达国家,专业人才测试已有近百年的历史。国外企业对人才测评相当重视,比如:施乐公司曾对500名销售人员和经理进行测评,花费34万美元,而实际增加的经济效益是490万美元。人才测评的兴起主要是由于它非凡的、无可替代的功用,人才测评的主要功用如下。

一、人力资源普查

过去我们常搞人员摸底,各种人各占多少比例就是人力资源普查,大概了解一下企业中各种学历的人职称状况如何、工作经历怎么样。这些都是浅层次水平上的人力资源调查,而借助人才测评技术可以对员工进行更加深入的了解、更加深层次的分析,得出更加详细的人力资源状况,从而制定出人员规划,合理使用和培养人才。

二、人员招聘

现在很多招聘活动主要看重应聘者的学历、工作经历、职称等方面,经过简单面试就决定是否录用,结果发现成功率非常低。道理很简单,因为这种招聘所依据的信息都是肤浅和片面的。现在招聘活动倡导借助人才测评技术对应聘者各方面素质特点进行深入分析,对应聘者和其应聘岗位之间的匹配程度作出评价,这样才能提出合理科学有效的招聘决议,做出好的人事决策。

三、人员选拔

过去选拔人才主要根据员工的工作业绩,如果在某一岗位干得好便提拔一级,干得更好再提拔一级。根据工作业绩提拔存在很多弊端,员工在当前岗位上业绩不错并不代表他能够胜任更高的职位。职位越高,管理的跨度越大,管理的难度越大,决定管理成败的因素越多,管理职责对员工素质的全面性要求越来越高。在某一职位上干得好并不意味着在更高职位上也干得好,放在高位可能毁了他。因为两种工作不同,承担的职责、压力也就不一样。

因此,选拔人一定要根据人才测评的结果,全面了解他的素质。大多数管理者承认,员工选择是最困难,也是最重要的决策之一。当代管理大师彼得·德鲁克(Peter Drucker)曾说过的:"没有什么决策比人事决策更难做出,后果会持续作用这么久。"调查表明,经理们所做的提升和人员调配决策并不理想,一般说来,平均成功率不超过33％:在多数情况下,三分之一的决策是正确的;三分之一有一定效果;三分之一彻底失败。在国内,这个比例要低得多。如果一个企业雇用了太多平庸的或较差的人,那么即使有完善的计划、合理的组织结构和协调的控制系统,企业也难以取得长期的成功。为确保组织目

标的实现,必须有能够胜任各项工作的人才。

第二节 人才测评的主要方法

一、履历分析

在人事考评中有一句名言,就是"个体过去的行为表现是预测其未来成功的最佳指标",对个体过去经历的剖析是十分有价值的测评手段。

对于求职者,申请表可以提供很多有用的信息。但是,对于主考官,一个关键问题是确定哪些信息在选拔人才中是最有价值的。在这方面,人们通常持有很多偏见,比如认为学历与管理能力有较强的联系,但科学研究结果并不支持上述推论。

传统履历调查与档案考核虽然是一种重要的测评手段,但是它所提供的信息量不足,科学性差,缺乏预测性。在科学测评中,履历分析要经过严格的科学探索和实践检验,并制定加权评分体系,这样才能对受测者进行科学的预测。

研究结果表明,履历分析对申请人今后的工作表现有一定的预测效果,个体的过去总是能从某种程度上表明他的未来。这种方法用于人员测评的优点是较为客观,而且低成本,但也存在一些问题,比如:履历填写的真实性问题;履历分析的预测效度随着时间的推进会越来越低;履历项目分数的设计是纯实证性的,除了统计数字外,缺乏合乎逻辑的解释原理。

二、结构化面试法

结构化面试又称结构化面谈或标准化面试,它是指面试前就面试所涉及的内容、试题的评分标准、评分方法、分数使用等一系列问题进行系统的结构化设计的面试方式。

结构化面试不同于非结构化面试和半结构化面试,它具有严谨的结构,其完整结构包括以下四个方面:一是考官的组成有结构,比如考官的工作性质、性别构成、年龄层次、专业特点等。二是测评的要素有结构,一般包括被试者的仪表、仪态、分析判断能力、语言表达能力、组织领导能力、交往协调能力等方面。每一个测评要素都有明确的测试要点或观察要点,测评要点所对应的测试题目都有出题思路或答题的参考要点,以提供给面试考官评分时参考。三是测评标准有结构。它表现在要素评分的权重系数有结构,每一测评要素内的评分有结构,被试者的面试成绩是经过科学的方法统计处理后得到的,作为对考官科学性的评价及对考官评分公正性的监督,还可以设标准差一项,看每一位考官评分与标准分的离散度。四是结构化面试严格遵循一定的程序进行,如考官、考场的选择,监督机制与计分程序的设立等,一般每位被试者一次面试时间为30分钟左右。

三、评价中心技术

评价中心技术是以测评管理者素质为中心的一组标准化的评价活动,在这种活动中多个主试采取多种测评方法围绕一个中心进行努力,这个中心就是受测者的管理素质。评价中心的形式多种多样,有纸笔测验、管理游戏、文件筐测验、角色扮演、小组讨论、演说、案例分析、事实判断、面谈等,可以说评价中心是一种十分综合的测评技术。评价中心的突出特点是它的情境模拟性,而且这种测试最初也来源于情境模拟测试,它主要通过多种情境模拟测评形式观察受测者特定行为的方法,这使评价中心具有其他测评手段不可比的优势,可以给主试提供观察受试者如何与他人互动、如何分析解决问题等复杂行为的机会。

下面介绍评价中心技术的两种形式。

（一）无领导小组讨论

在这种面试形式中，应试者被划分成每组人数4—8人不等，不指定负责人，大家地位平等，要求就某些争议性比较大的问题，如干部提拔、工作任务分配、额外补助金分配等进行讨论。在某些情况下，还要求小组形成一致意见，并以书面形式汇报。每个组员都应在上面签字，以表示自己同意所做的汇报。

在无领导小组讨论中，主考官评分的依据是：发言次数的多少；是否善于提出新的见解和方案；是否敢于发表不同的意见，支持或肯定别人的意见，坚持自己的正确意见；是否善于消除紧张气氛，说服别人，调解争议，创造一个使不大开口的人也想发言的气氛，把众人的意见引向一致；能否倾听别人意见，是否尊重别人，是否侵犯他人发言权。同时，还要看语言表达能力如何，分析能力、概括和归纳总结不同意见的能力如何，发言的主动性、反应的灵敏性如何等。

无领导小组讨论具有以下优点：能检测出笔试和结构化面试所难以检测出的多种能力与素质，能观察到考生之间的相互作用，能依据考生的行为表现对考生进行更全面、更合理的评价；考生的掩饰性较小，更易测出准确的个性与能力；能节省时间，可以同时比较竞争同一岗位的多位考生；应用范围广泛，能应用于非技术领域、技术领域、管理领域和其他专业领域等。

（二）文件筐测验

第二次世界大战期间，美国情报机构在向德国派遣敌后情报员的过程中，试用情景模拟法物色可靠人选，结果大获成功。情报机构的这一"发明"刺激了商界精英的管理灵感。20世纪五六十年代，美国电报电话公司率先将该创意由"军用"转向"民用"，先后为本企业422名年轻经理人实行了一种别具一格的、以工作情景模拟为核心的测验。该测验重点评估管理人员的知识、技能、价值观和个人职业追求，同样取得了轰动性成果，这其中就包括被称为"管理者实战演习"的"文件筐测验"。

"文件筐测验"又称"公文处理模拟测验"，作为一种个人综合性笔试测验，特别适合于中高级管理人员的能力测评。传统的个人能力笔试测验常常与实际工作内容相距甚远。相反，文件筐测验的所有题目都来自管理工作的实战，通过考察被测评者在处理具体业务中的表现评估其关键能力。在美国，该测验目前已被1 000多家知名企业所采用，除美国电报电话公司外，福特汽车、通用电气等诸多大型企业集团均将文件筐测验作为企业管理人员选拔、测评的重要手段。

文件筐测验是评价担任特定职务的管理人员在典型职业环境中获取、研究有关资料，得体处理各类信息，准确做出管理决策，有效开展指挥、协调和控制的工作能力及其现场行为表现的综合性测验。

该测验常常设计一个管理者非常熟悉的、具有代表性的职业工作情境，将各类有关信息和待处理的问题形成十几份乃至几十份书面材料放在被测试者办公桌上的文件筐内（这些文件可能是信函、备忘录、报表、账单、投诉文章、电话记录、命令、请示、汇报、通知以及其他任何可能的形式）。当你坐到办公桌前打开第一份文件的时候，对你的测验就正式开始了。所有的问题都是棘手的，并且许多问题之间相互影响，关系错综复杂。你只有全力以赴地认真分析和统筹考虑方能有效应对；时间有限，可利用资源有限，现有信息又残缺不全，你必须借助于丰富的知识、大胆的设计、勇敢的推理和果断的决策才能摆脱困境；你必须在孤立无援的情况下对所有问题迅速理出思路，对文件筐中的材料——形成文字处理意见或报告；与此同时，你要力争自始至终保持处乱不惊的管理风度。如果你是一位人力资源经理，你的文件筐中可能包括人员流失、稀缺人才搜寻困难、培训师资不佳、劳动争议、薪酬福利费用超支、员工绩效表现低下、前任管理记录残缺不全、得力助手出现过失等一系列问题的文件；如果你是一位副总经理，你所面对

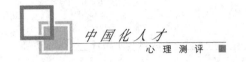

的资料就可能涉及整个企业的财务、人力资源、市场销售、生产物流、信息化、技术研发等更为广阔、复杂和高端的领域。文字处理工作结束后，你还要接受各位考官半小时左右"推心置腹"的考评问询。

不难看出，文件筐测验高度仿真，十分接近管理实战，非常有利于激发被测评者的积极性和创造性，对于在很短的时间内全面、准确掌握管理者的能力、潜能以及个性心理特征的某些关键要素具有不可替代的重要作用，是不折不扣的"管理者实战演习"。两小时左右的文件筐测验对被测评者自身综合素质状况、工作经验积累、专业知识和相关知识的系统整合与娴熟应用的考察效果为其他许多人事测验所望尘莫及。

最重要的是，文件筐测验具有跨文化、跨地区、跨行业和跨企业规模的普遍适用性。据统计，欧美发达国家和日本在选拔、评价管理人员时最常用的技术就是评价中心，而评价中心中文件筐测验的使用频率高达95%。文件筐测验的效度和信度极高（信度相关系数为0.92），且操作方便，在以往的四十年中已为各国企业的人才招聘选拔、人才评价和管理人员培训需求分析立下了汗马功劳。近几年来，文件筐测验在企业管理中的价值和作用也逐步得到中国管理理论界及企业界人士的高度重视。

1. 文件筐测验的考察内容

管理人员计划、组织、预测、决策、沟通五大能力的个体水平和群体水平是企业管理团队核心能力的标尺，对于企业可持续发展能力的保持和提升具有重大意义。这五大能力的考察是文件筐测验关注的焦点。

2. 文件筐测验的题目设计

有效的工作分析是文件筐测验的最核心的基础工作，工作分析的关键内容开展得越规范、越全面、越深入、越细致，文件筐测验的题目设计就越容易，测评结果的信度和效度也就越高。但是，仅有系统的工作分析还远远不够,对行业特点、企业内外环境、企业文化和测评目标的分析也是测评题目设计时需要考虑的重要内容。掌握充分相关资讯的题目设计小组一般用2—3个工作日即可完成一个重要管理职务的文件筐测验题目设计。

3. 文件筐测验对考官的要求

文件筐测验对考官的综合素质要求较高。他们不仅要具备管理学和心理学领域的基础知识,了解文件筐测验的理论和实践依据,而且还要对测评对象所任职务的职责权限和任职资格(如工作经验、学历、能力、潜能和个性心理特征等)进行系统研究,能够独立或与他人合作设计测评题目,了解各测评题目之间的内在联系,能够恰如其分地开展考评问询,能够对被测评者进行全面、客观、公正的评价。考官要对每种可能出现的答案及其所代表的意义成竹在胸并与其他考官事先达成共识。在20世纪50—80年代,文件筐测验的考官是清一色的管理顾问、咨询专家或心理学家。20世纪80年代以后,文件筐测验的考官也开始逐步吸收所在企业的高级管理人员(他们通常是被测评者直接上级的上司)。企业高级管理人员通常对企业管理现状的方方面面感受深刻,通过两周左右的标准化速成培训以及顾问人员的现场指导,他们基本上能够担负起合格考官的工作职责——而这对于企业自身管理团队的建设意义深远。

第三节 软件化测试

软件化测试是对个体行为样组的客观和标准化的测量,与一般纸笔测试不同的是其题目呈现、计分结果输出均是计算机化的。在国外,软件化测试是人才测评首要的方法,美国有40%以上的企事业单位在人员招聘时采用这种测评的方法,在国内,这种测评方法也正日趋广泛地得到运用。

一、软件化测试的优点

与纸笔测试相比,软件化测试具有下列四个优点。

(1) 操作更为简易可行,统计由电脑自动实现,大量降低人力成本。软件化纸笔测试是由被试在电脑前通过点击鼠标实现,节约了大量的印刷成本。传统的纸笔测试结果通常是手工输入或套制模板来计算的,比较费时费力。比如,一套100道题的问卷,如果有50个人做测试的话,一个人输入要一天的时间,而且人工输入也常常出现错误。软件化纸笔测试是由软件自动计算的,做完问卷的同时即出结果。数据不用输入,当然也就没有输入数据可能出现的错误。

(2) 更加易于控制测试的时间。软件测试时间是设定好的,屏幕会显示做题的进度与所剩的时间,会实时提醒被试者注意时间。

(3) 能够使得受测者的分数自动与常模相比较,显而易见地得出在总体人群中他的相对水平。

(4) 测评报告(包括模式轮廓图、基本因素分析、一般应用等)即时生成;测评结果图文并茂,既具专业性,又简明易懂;所有的测评结果均可保存下来,可供需要时调用;测评结果可以按特定的条件进行分类统计、比较。例如,有30人做了销售潜力测试,你可以把测试结果按降序排列。

软件化测试正日益成为主流的测评方式。根据测试时间不同进行分类,可以把它分为速度测验和难度测验。速度测验在规定时间内进行,时间一到,测验立即停止;而难度测验没有限制,被试者可以自己掌握。一般说来,难度测验的题目比速度测验难,更能反映出人的一些潜在的特性;而当速度成为工作的关键因素时,速度测验的作用更为突出。也可以以测试内容为分类标准把软件化测试分为能力测验和个性测验。能力测验测量一个人的能力水平,如管理能力等;而个性测验则用于评定人的个性品质,如气质特点、成就动机、是否诚信等。根据具体的目的,可以选用不同的测试对受测者进行评估。

二、软件化测试在人员评估中的应用

软件化测试主要应用于人员评估中的以下三个方面:

(1) 对应试者能力特征的诊断及发展潜能的预测。如管理数量分析测验、管理逻辑推理测验,当然也包括一般性的智力测验,如瑞文推理测验和韦氏量表。

(2) 对应试者的个性品质及心理健康水平进行测定。例如,诚信测试、卡特尔十六种人格因素测验、DISC 个性测验、症状自评量表(SCL-90)、明尼苏达多项人格测验(MMPI)等。

(3) 对应试者的需求与动机进行测定。例如,需求测试、生活特性测验、职业兴趣测验。

三、企业使用软件的模式

企业在使用软件进行人才测评通常有以下三种模式:

(1) 聘请专业顾问公司设计适合本企业的测试软件,招聘专职测试员进行招聘管理;

(2) 购买通用型人才测试软件,需要测试时再聘请测评专家担任顾问;

(3) 请专业测评机构代理人才测评工作。

对企业而言,大规模的招聘活动一般都集中在几个时间段内,如果为了这些间断性的招聘活动增加专业人才测评人员,成本很高,并且在科学性和精确度方面值得推敲。同时,开发一套专用人才测试软件价格动辄几十万元。因此,第一种模式只适合规模大和中长期招聘需求大的企业。IBM、华为采用的就是这种模式。而相对而言,规模不大、招聘需求较小的中小企业可以采用另外两种人才测评模式,它们既可以满足企业测评人才的需求,也无需为之付出太大的成本。

甄别有创造力的人才
——鞠门学派创新能力测试

第二章

2

瓦特的蒸汽机宣告了欧洲工业革命时代的到来；爱迪生的电灯改变了人类只能用烛火驱除黑暗的历史；爱因斯坦的相对论改变了整个人类对时空的看法；梵·高的《向日葵》带给了人类灵魂深深的震撼；马克思的《资本论》改变了人类历史的走向。他们创造性的成果带给了人类巨大的物质财富和精神财富，为社会的进步作出了卓越的贡献。分析这些人所具有的特征，我们可以发现，他们毫无例外都具有非常强的创造力。

毫无疑问，创新能力是现在人类最为重要的能力。创造力关系到一个国家、企业的兴衰和存亡。没有创新，一个国家、一个企业将如一潭死水，不会进步没有发展，最终将在竞争的潮流中被淘汰。

"创新"是一个外来词，是从英文 innovate（动词）或 innovation（名词）翻译过来的。检阅有关创造力研究的文献，我们可以看到，人们对创造力的含义是众说纷纭。心理学界较为一致的界定是，人的创造性是"根据一定目的，运用一切已知信息，产生出某种新颖、独特、有社会或个人价值的产品的智力品质"。这里所指的产品，是一种广义的思维成果，既指思维成果，也指物质成果；既可表现为新概念、新思想、新理论等无形产品，也可以指新技术、新发明、新工艺、新作品等有形产品。创造性最主要的特点在于新颖、独特且有价值。创造力是个体独有的特殊能力，这种能力对于职业的成功，对于促进社会和企业的发展具有重要的作用。现在越来越多的企业认识到了创新对于自身发展的重要性，也认识到了创新性人才的难以求得。因而，这些企业在招聘时纷纷提出要求，希望他们的应聘者具有很强的创新能力。

然而，创新能力是一个人内在的心理特征，如何去考察这种内在的心理特征呢？有的公司通过考察应聘人员已有的成果来判断其创新能力。这当然是一种合理的方法。但是，如果无法了解应聘人员的成果怎么办，如果是应届的毕业生，其无法提供相应的成果怎么办？

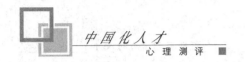

于是，我们便无法通过考察其成果来识别其创新能力。并且，成果考察的方法是一种事后考察的方法，它是从后面的结果（创新成果）去推论前面的原因（创新能力）。因而，它对那些具有创新能力但是还没有显现出来的人是无法起作用的。还有的公司想通过面试的方法区别出具有创新能力的人，但是由于招聘人员缺乏相应的知识和技巧，特别是缺乏心理学背景，往往导致错误率很高。面试的方法还具有极大的主观性，不同的招聘人员由于个人的经验、知识水平不同，对于相同的应聘者会有不同的，甚至截然相反的评价。那么，到底有没有相对客观、准确而又经济的方法来区别那些具有创新能力的人呢？

鞠门学派心理研究小组在对西方大量的有关创新能力和测评理论的研究的基础上，在对大量的中国企业招聘的调查上，针对中国企业的实际情况，开发了一套既有深厚的理论基础又经过大量的企业实践被证明行之有效的创新能力心理测验体系。

第一节 鞠门学派创新测评体系概述

鞠门学派创新体系包括一系列的方法来对应聘人员的创新能力进行考察，其中有开放式的纸笔测试、情景模拟方式、中式头脑风暴会和软件化的测试。

开放式的纸笔测试由一套开放式的创新能力测题组成。让受测者对这些测题自由回答。比如，在规定的时间内让受测者对一个图案进行联想，答案越多越好；或者让其说出一件物品的非通常用途，答案越多越好。然后，按照他们回答的数量和质量，根据答案的独特性、流畅性和变通性进行计分。由于开放式的纸笔测试的计分需要评分人员具有一定的心理学理论基础，需要按照规则对答案进行转换、归类，因而需要专业人员的实施和计分。所以，大多数企业没有独立进行操作的能力。在本章第四节我们会详细介绍鞠门学派软件化创新能力心理测验的情况。

情景模拟方法是指预先布置一种场景，测试者观察受测者在此情景中的行为表现，从而评定其创新能力。比如，在鞠门学派测评体系里经常使用过河游戏来考察创新能力。过河游戏的场景极其简单，就是在一个比较宽敞的教室里布置一条假想中的河，要求一群人（8—12人，过多或过少都会影响测试的效果）同时参加。要求参加者把各种各样、稀奇古怪的过河的方法想出来，表达出来，演示出来。比如，有人说要把人踢过河，他就要做出踢人的动作。在游戏的过程中，始终由几个专家在旁边进行观察，游戏结束后对受测者的创新能力进行评价。经过实践证明，过河游戏具有很高的效度。但是，过河游戏耗时较长，通常一个游戏需要2个小时。

最后，还有鞠门学派独创的中式头脑风暴会以及软件化测试，将在下面详细介绍。

在创新能力心理测验中，企业可以根据自己的实际情况，单独使用以上几种方法的一种，也可以几种方法混合使用。

第二节　鞠门学派中式头脑风暴会

头脑风暴会（brainstorming）来源于西方，其目的是通过一种互动的方式，激荡头脑，开启智慧，对问题提出各种各样的解答。在头脑风暴会中，不管别人的意见有多么荒谬、古怪、离奇，都不许批评，但是可以在其他人的方案上加以改进，改头换面后提出自己的主意。头脑风暴会在西方得到大力的推广和应用，在新产品开发、产品命名、促销的方案的设计等过程中都发挥了巨大的作用。

鞠门学派在自己的研发和一些企业中推广和使用这种头脑风暴会的过程中发现，虽然西方的头脑风暴会在中国的企业应用时取得了一些效果，但是这种效果同预期相比并不理想，与在西方的应用效果

相比更是相差甚远。因此,鞠门学派心理研究小组对中西方应用的差异进行了研究。发现在中国的头脑风暴会中,发言人数和每人发言条数要远远低于在西方的情况。通过对中国的头脑风暴会过程的行为考察发现,各位参与者经常低目垂眉,不愿发言,而一旦别人发言,则往往不自然地加以批判,虽然会前已经宣布过不准批判的规定,但往往收效甚微。这种状况往往导致参加者自己不愿意发言。头脑风暴会的目的是希望通过产生尽量多的主意,从中再选择一两个可行方案,是一种从数量中求质量的方法。在中国的头脑风暴会,产生的方案往往数量过少而质量难免不如人意。

在对头脑风暴会参加者的深层次分析中,我们发现这是由于传统的中国文化和国民的性格造成了这种现象。中国的俗语有云"枪打出头鸟","木秀于林,风必摧之"等,都体现了中国人不愿意表现自己,害怕因为冒尖而遭受打击的心态,相反是喜欢等着别人做事,从中找出问题而加以批判来显示自己的水平,因而即使在头脑风暴会中,参加者也不能够解放思想,摆脱这种思维定式的束缚。针对这种情况,鞠门学派创造性地对西方的头脑风暴会加以改进,形成了自己的一套技术——中式头脑风暴会。在中式头脑风暴会中,设立了喝彩员和纪检官。喝彩员的职责是在某人提出建议后带头鼓掌叫好,引导其他人跟着这么做;而纪检官的职责是监督别人,如果有人对他人的建议提出批评,那么纪检官必须对那人提出批评和警告。总之,设立喝彩员和纪检官的目的是鼓励发言,禁止批评,最大限度地解放参与者的思想。可以说,中式头脑风暴会是西方先进技术和中国国情的结合。在中式头脑风暴会中还有一些小的技巧,比如在会前会通过喝一些啤酒(喝一点,而不是很多)来活跃思维,解除束缚。

在创立中式头脑风暴会后,我们对其有效性进行了一系列的研究。发现在与西式头脑风暴会在中国的应用相比,中式头脑风暴会产生了更多、更好的方案,效率更高,差异达到显著性水平;而与西式头脑风暴会在西方的应用相比，两者效果相同。由此可见，中式头脑风暴会极大地提高了决策的效率和创新的水平。中式头脑风暴会在杂志上一经发表，很多企业都纷纷来函来电咨询，跟着模仿学习并在实践中取得了良好的效果。

鞠门学派人才测评研究小组在研究和推广中式头脑风暴的过程中发现，在头脑风暴会中很容易把那些创新能力强的人甄别出来，因而逐渐地把头脑风暴会应用于企业对创新性人才的招聘当中。在招聘过程中，招聘者事先拟订一个假设的问题，让一群应聘者对此提出解决方案。比如，让其对一家假想的公司命名，名字越多越好。在命名的过程中，由1—2个评判者对他们答案的数量和质量给予评分，从中选出2—3个创新能力强的人。值得注意的是，每次参与头脑风暴的应聘者的人数不能过少，至少需要8个人，否则会大大影响头脑风暴会的效果。中式头脑风暴会已经在一些企业的创新招聘活动中使用，取得了比较好的效果。

以上介绍了鞠门学派测评体系中创造力测试的一系列方法。从中我们可以看到，软件化的纸笔测试应该是方法最为客观、操作最为简单、实施最为经济、有效性最高的一种方法，它最大的优点是有效地避免了测试者的主观影响。因而，即使是我们——在心理学领域沉浸多年，帮助过许多企业进行过招聘，具有较多测评经验，熟练掌握了多种测评方法的心理学家——也不太愿意使用其他的方法，而倾向于使用纸笔测试，尤其是软件化的纸笔测验来帮助我们选拔人才。并且，我们可以预期将来会有越来越多的公司的人力资源部使用软件化的纸笔测试来进行招聘，从而提高招聘的效率和准确性。这是招聘活动发展的一种趋势。

第三节　简　单　测　试　法

测量创造力的测验工具有很多。下面介绍一种应用较为广泛的

测验方法——尤金创造力测试。须说明的是,该测验是自评式的,并不适合于在应聘状态下使用。

一、尤金创造力测试题目

美国普林斯顿创造才能研究公司总经理、心理学家尤金·劳德塞,根据多年来对善于思考、富有创造力的男女科学家、工程师和企业经理等的个性和品质的研究,设计了下面这套适用于成人的创造力测试卷,这套题深受各界推崇。

答题时,在每一个题后用"A"表示同意,用"B"表示不清楚,用"C"表示不同意。请务必诚实作答。据题后表2-1经过统计,得到答案。

(1) 我不做盲目的事,也就是我总是有的放矢,用正确的步骤来解决每一个具体问题。

(2) 我认为,只提出问题而不想获得答案,无疑是浪费时间。

(3) 无论什么事情,要我发生兴趣,总比别人困难。

(4) 我认为,合乎逻辑的、循序渐进的方法是解决问题的最好方法。

(5) 有时,我在小组里发表的意见,似乎使一些人感到厌烦。

(6) 我花费大量时间来考虑别人是怎样看待我的。

(7) 做自认为是正确的事情,比力求博得别人的赞同要重要得多。

(8) 我不尊重那些做事似乎没有把握的人。

(9) 我需要的刺激和兴趣比别人多。

(10) 我知道如何在考验面前保持自己的内心镇静。

(11) 我能坚持很长一段时间解决难题。

(12) 有时我对事情过于热心。

(13) 在特别无事可做时,我倒常常想出好主意。

(14) 在解决问题时,我常常单凭直觉来判断"正确"或者"错误"。

(15) 在解决问题时,我分析问题较快,而综合所收集的资料很慢。

(16) 有时我打破常规去做我原来并未想到要做的事。

(17) 我有收集东西的癖好。

(18) 幻想促进了我很多重要计划的提出。

(19) 我喜欢客观而又有理性的人。

(20) 如果要我在本职工作之外的两种职业中选择,我宁愿当一个实际工作者,也不当探索者。

(21) 我能与自己的同事或同行们很好地相处。

(22) 我有较高的审美感。

(23) 在我的一生中,我一直在追求名利和地位。

(24) 我喜欢坚信自己的结论的人。

(25) 灵感与获得成功无关。

(26) 争论时,使我感到最高兴的是,原来与我观点不一致的人变成了我的朋友,即使牺牲我原先的观点也在所不惜。

(27) 我更大的兴趣在于提出新的建议,而不在于说服别人接受这些建议。

(28) 我乐意独自一人整天"深思熟虑"。

(29) 我往往避免做那种使我感到低下的工作。

(30) 在评价资料时,我觉得资料的来源比其内容更为重要。

(31) 我不满意那些不确定的和不可预言的事。

(32) 我喜欢一门心思苦干的人。

(23) 一个人的自尊比得到他人的敬慕更为重要。

(34) 我觉得那些力求完美的人是不明智的。

(35) 我宁愿和大家一起努力工作,而不愿意单独工作。

（36）我喜欢那种对别人产生影响的工作。

（37）在生活中,我经常碰到不能用"正确"或"错误"来加以判断的问题。

（38）对我来说,"各得其所""各在其位",是很重要的。

（39）那些使用古怪和不常用的语词的作家,纯粹是为了炫耀自己。

（40）许多人之所以感到苦恼,是因为他们把事情看得太认真了。

（41）即便遭到不幸、挫折和反对,我仍然能够对我的工作保持原来的精神状态和热情。

（42）想入非非的人是不切实际的。

（43）我对"我不知道的事"比对"我知道的事"印象更深刻。

（44）我对"这可能是什么"比对"这是什么"更感兴趣。

（45）我经常为自己在无意中说话伤人而闷闷不乐。

（46）即使没有报答,我也乐意为新颖的想法花费大量时间。

（47）我认为,"出主意没什么了不起"这种说法是中肯的。

（48）我不喜欢提出那种显得无知的问题。

（49）一旦任务在身,即使受到挫折,我也要坚决完成。

（50）从下面描述人物性格的形容词中,挑选出10个你认为最能说明你性格的词：精神饱满的、有说服力的、实事求是的、虚心的、观察力敏锐的、谨慎的、束手束脚的、足智多谋的、自高自大的、有主见的、有献身精神的、有独创性的、性急的、高效的、乐于助人的、坚强的、老练的、有克制力的、热情的、时髦的、自信的、不屈不挠的、有远见的、机灵的、好奇的、有组织力的、铁石心肠的、思路清晰的、脾气温顺的、可预言的、拘泥形式的、不拘礼节的、有理解力的、有朝气的、严于律己的、精干的、讲实惠的、感觉灵敏的、无畏的、严格的、一丝不苟的、谦逊的、复杂的、漫不经心的、柔顺的、创新的、泰然自若的、渴求知识的、实干的、好交际的、善良的、孤独的、不满足的、易动感情的。

二、尤金创造力测试答案

尤金创造力测试的打分情况如表 2-1 所示。

表 2-1　尤金创造力测试打分表

	1	2	3	4	5	6	7	8	9	10
A	0	0	4	−2	2	−1	3	0	3	1
B	1	1	1	0	1	0	0	1	0	0
C	2	2	0	3	0	3	−1	2	−1	3
	11	12	13	14	15	16	17	18	19	20
A	4	3	2	4	−1	2	0	3	0	0
B	1	−1	0	0	0	1	1	0	1	1
C	0	−1	0	−2	2	0	2	−1	2	2
	21	22	23	24	25	26	27	28	29	30
A	0	3	0	−1	0	−1	2	2	0	−2
B	1	0	1	0	1	0	1	0	1	0
C	2	−1	2	2	3	2	0	−1	2	3
	31	32	33	34	35	36	37	38	39	40
A	0	0	3	−1	0	1	2	0	−1	2
B	1	1	0	0	1	2	1	1	0	1
C	0	0	−1	2	3	3	0	2	2	0
	41	42	43	44	45	46	47	48	49	50
A	3	1	2	2	1	3	0	0	3	
B	1	0	1	1	0	2	1	2	1	
C	0	2	0	0	2	0	2	3	0	

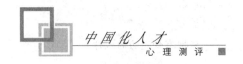

第50题中,下列每个词得2分:精神饱满的、观察力敏锐的、不屈不挠的、柔顺的、足智多谋的、有主见的、有献身精神的、有独创性的、感觉灵敏的、无畏的、创新的、好奇的、有朝气的、热情的、严于律己的;下列各词得1分:自信的、有远见的、不拘礼节的、不满足的、一丝不苟的、虚心的、机灵的、坚强的;其余的词各得0分。

三、尤金创造力测试评价表

累计得分总数,可得6个等级,如表2-2所示。

表2-2　尤金创造力测试评价表

得　　分	评　　价
110—140	非凡
85—109	很强
56—84	强
30—55	一般
15—29	弱
—35	差

第四节　软件化创新能力心理测验

一、创新测验的概述

创造力是研发人员必备的条件,研发是促使企业产品创新、技术突破的原动力。企业要如何从众多应征者中筛选出具创造潜能者,以提升企业的研发能力与竞争力成为业界共同关切的议题。创造力可借由训练与激发予以增强,但若能由人员甄选着手,通过适当的招募管道与甄选工具筛选出具有创造力人格的人员,不仅可提高将来教育训练的成果,更可直接提升公司的研发创造能力与竞争力。

已有的创新能力测验一部分是开放式的,其操作较为烦琐,操作性比较低;还有一大部分是自评式的,并不适合在应聘状态下使用。鞠门学派创新能力测验的目的是开发一个在应聘状态下使用,用以选择具有较高创新能力员工的测试。

软件化的纸笔测试是建立在科学的心理学理论尤其是心理测量学的理论基础上,在综合了中西方关于创新心理学的研究成果,在我们心理研究小组亲自调研的基础上产生的。大量的研究调查发现,凡是那些具有重大创新成果的科学家、艺术家、发明家、管理者大多具有以下人格特征:具有冒险性,敢于向权威挑战;独立性,思考时不受他人的影响,不人云亦云;具有幽默感,具有儿童情趣;有审美能力;具有丰富的想象力和直觉能力;他们的思维具有变通性,不受传统方式和思维定式的影响等。我们根据这些特征,设置了一些重要的人格和认知方式维度,然后根据这些维度来设置大量的、不同的题目,根据人们在这些题目上回答的总分来甄别他们的创新能力。所有这些题目是封闭式的题型,仅要求受测者选择合适的选项进行回答,因而软件的操作极其简单。因为软件化的纸笔测验是建立在科学的理论基础上,并且可以直接给出受测者的分数,并把此分数与被试所在人群相比较得出受测者的创新能力,所以测试具有客观、经济、有效的特点。这套软件在一些企业试用后取得了很高的评价,企业普遍认为使用这套软件后,极大地提高了人力资源部在招聘创新性人才时的效率和准确性。

二、鞠门学派创新测验的测评要素

创新能力心理测验主要从创新能力的思维特征与创新能力的人格特征两个方面进行,如图2-1所示。

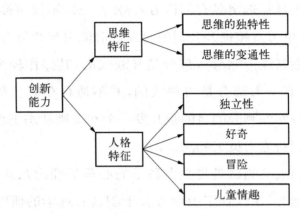

图 2-1 创新能力测评要素结构图

（1）创新能力的思维特征主要包括以下两个方面。

① 思维的独特性：解决问题时提出别人所想不出来的观点和见解，用特异的方法解决问题，用新奇的方式处理事情，成果别具一格。

② 思维的变通性：不受定式及传统观念的影响，而能触类旁通，用不同分类或不同方式的思考，能一叶知秋，举一反三，机智应变。

（2）创新能力的人格特征主要包括以下四个方面。

① 独立性：敢于独立思考，有自信，不轻易听从他人的意见独立行事，不盲从，对独立与自治有强烈的需要，敢于标新立异，不随便顺从别人的意见，自行其是。

② 冒险性：敢于做别人不敢做的事，富有挑战精神。具有面对批判的勇气，它包括坚持己见及应付未知情况的能力，而且面对失败及批评，还能鼓起勇气再接再厉，全力以赴。

③ 好奇性：富有朝气，对生活充满新鲜感，兴趣爱好广泛而专一，喜欢复杂的事物与问题，对事物运行的机理有深究的动机。

④ 儿童情趣：想象力丰富，有幽默感，自得其乐，有一定的艺术判别能力。

三、创新测题举例

思维的独特性

1. 常识通常是：（　　）。

    A. 可靠的　　　　B. 介于A、C之间　　C. 值得怀疑的

2. 在一些问题的看法上，你的意见常常与大多数人的看法迥异？（　　）

    A. 是的　　　　B. 介于A、C之间　　C. 不是的

3. 给你一张纸，你会试着折成下列哪个图案？（　　）

    A. 正方形或长方形　B. 飞机　　　　C. 动物图形

思维的变通性

1. 你喜欢尝试着用不同的方法去做同一件事情。（　　）

    A. 是的　　　　B. 说不定　　　　C. 不是的

2. 常有把房中的东西重新摆设的念头。（　　）

    A. 是的　　　　B. 说不清　　　　C. 不是的

3. 即使说话时说漏了嘴，你也能够自圆其说。（　　）

    A. 是的　　　　B. 不确定　　　　C. 不是的

独立性

1. 到陌生的地方迷失方向。（　　）

    A. 很少　　　　B. 有时候　　　　C. 经常

2. 你买了一双穿起来很舒服的鞋，可朋友和同事们都说鞋不好看，你会（　　）。

    A. 继续穿　　　B. 偶尔穿穿　　　C. 再也不穿了

3. 中国人普遍服从性格太强，你也不例外。（　　）

    A. 是的　　　　B. 介于A、C之间　　C. 不是的

冒险性

1. 你是否愿意向那些著名的学者提出可能显得幼稚的问题？（　　）

A. 是的 　　　　　B. 介于 A、C 之间　C. 不是的

2. 在有威望、有地位的人面前,你总是较为缄默、谨慎。(　　)

   A. 是的 　　　　　B. 介于 A 与 C 之间　C. 不是的

3. 你的朋友大多认为冒险会增加生活的情趣。(　　)

   A. 是的 　　　　　B. 介于 A 与 C 之间　C. 不是的

好奇性

1. "挺有趣的!"是你的口头禅之一。(　　)

   A. 同意 　　　　　B. 介于两者间　　　C. 不同意

2. 如果你看一本故事书看到最后时,发现少了几页,你通常会(　　)。

   A. 感到很郁闷,但过后也就忘了

   B. 不确定

   C. 想办法知道结局

3. 如果有人要把你的基因嫁接到苹果树上,这样苹果中就有你的基因,你会(　　)。

   A. 很有兴趣参加　B. 有一点兴趣　　　C. 没什么兴趣

儿童情趣

1. 对动画片,你(　　)。

   A. 几乎不看

   B. 看不看都无所谓

   C. 很感兴趣

2. 如果让你陪一个小孩逛公园,你总是(　　)。

   A. 在一旁看着他玩

   B. 介于 A 和 C 之间

   C. 总是跟他一起玩

3. 你是一个能讲很多小朋友喜欢听的故事的人。(　　)

   A. 是的 　　　　　B. 介于两者之间　　C. 不是的

四、创新能力心理测验的标准化软件化

测验的有效性有赖于测验编制的标准化。首先,笔者通过项目分析删除一些鉴别度低于 0.19 的项目,提高项目对销售潜能的区分能力。然后,通过信度分析、效度分析获得测试信效性指标。信度是可靠性,是指测量结果的一致性程度。效度是指一个测验是否准确,即是否能测量到它所测量的东西。结果表明,销售潜能测试的信度达到 0.92。其效度检验用的是创新能力心理测验结果与托兰斯创造思维测验的相关性,结果发现两者的相关性为 0.49,并达到了显著水平。总之,销售潜能心理测试信效度良好,符合心理测量学上的要求。

笔者还建立了创新能力心理测验的常模。常模是具有代表性的大量样本在测验上的结果。常模可以作为评判个别差异的依据和比较的标准。

鞠门学派创新心理测评在设计测验软件的过程中采用统一的人性化界面,无论是安装还是日常维护或操作软件都很轻松。

软件化的销售潜能测试有以下四个特点:

(1)人机界面友好,操作简洁明了,被试仅需要在所选项目上点击即可,完成后会自动计分并与常模比较,生成分析报告。

(2)测评的内容、题量、时间等设计合理、实用、有效。

(3)测评结果报告图文并茂,既通俗易懂又具有较高的专业性。

(4)测评结果采用保密管理,提高测评的权威性和严肃性。

找出最有潜质的销售员
——鞠门学派销售潜能测试
第三章

3

第一节　销售人员招聘概述

在管理界有一句知名的格言："即使我的企业一夜之间全都没有了,但我把人留住了,那么几年之后,我还将是这个行业内的翘楚!"其实这段话讲的就是在残酷激烈的市场竞争当中,企业与企业之间的竞争既不是产品也不是价格,最根本的竞争在于人力资源的竞争。那么,最为直接的人力资源竞争可能来自销售人才,体现于销售人才。因为销售人才真正掌握了市场人脉,也就是渠道中最为关键的人的因素。

销售员是公司对外的形象代表,是公司的命脉,其重要性不言而喻。当你翻开报纸的招聘版,你会发现招聘岗位最多的就是销售人员。有研究表明,销售是流动率最高的职位之一,市场上百分之三十的招聘岗位都是在招销售人员。市场上的销售人员也是良莠不齐,常常是让销售经理挑花了眼。销售经理常常会有这样的感受,外面的人才真精彩。但一段时间以后,会发现选中的人常常表现不好。对许多销售经理而言,选择合适的销售人员已成为工作中最棘手的部分。

造成这种情况的首要原因是销售管理人员招聘销售员的指导思想有误。销售管理人员常以销售员智商高低作为销售员选拔的首选条件,其实这是错误的。笔者曾随机找到销售业绩非常好与非常差的销售人员各一百人,组织他们做了智力测验,结果发现这两类人群智商差异很小。根据美国有关研究机构的抽样调查表明,反差最大的是心理素质,即销售业绩优秀人群的心理素质大大高于销售业绩一般的人群。

面试是招聘销售员最常用的方法。在实际工作中,这种"一见钟情"的选人办法成功率不高。在招聘时,有些销售经理认为,"最好跟

着感觉走",因而过分相信对应聘者的直觉,这种狭隘的招聘方法往往会在日后铸成大错。

由于社会普遍存在的诚信问题和应聘者掩盖缺陷的倾向,导致企业发现所招聘来的人员完全不符合要求,最后企业不得不支付少则几千元,多则上万元的试用期工资后炒了他的"鱿鱼"。这对企业来说是完全不公平的,因为频繁更换销售员有很多的坏处。任何一位员工到一家新企业上班,都有一个磨合的过程,而这种磨合不仅仅指员工本身的适应,还包括企业对员工有意和无意之间的培训。销售人员被炒或跳槽造成企业在人力资源管理的精力和财力上的大大浪费,也给企业带来了不稳定因素。

第二节 招聘销售员的经验方法

许多企业存在这样的现象:从市场上招聘来的推销员,流失率极高。据上海本正企业管理咨询有限公司在 2003 年的抽样调查表明,上海企业从人才市场上招聘的推销员,年平均流失率在 79%。这么高的人员流失率是什么原因造成的呢?其中一个重要的原因是许多销售管理人员对于优秀推销员招聘的经验还不够。下面介绍招聘销售员所用到的经验方法,其中一部分是在面试中所很容易了解到推销员的基本素质,另一部分是哪种类型的人不适合做销售员。

一、推销员应具备的基本素质

(一)良好的心理素质

良好的心理素质是指抵抗挫折的能力很强,遇到困难与失败时,能保持情绪稳定,以高昂的精神状态去面对环境压力。

大量的统计数据表明,良好的心理素质比好脑袋瓜重要,美国有关机构对优秀推销员做出的心理测试显示:优秀推销员平均情绪商数高而非智力商数高。推销是最容易招致沮丧的职业，推销员经常遇到冷落、拒绝、嘲讽、挖苦、打击、失败。每一次失败都可能导致自我评价下降、自我形象萎缩或意志消沉，最终可能导致退出竞争。因此，寻找"乐天派"比寻找"聪明人"更重要。

（二）敏锐的感同力

感同力，即洞察他人心理活动的能力，或善于站在对方的立场上考虑问题。

（三）高成就欲

高成就欲就是强烈地渴望有所作为，对推销员而言就是对钱有着强烈的渴望，有着知足常乐倾向的人是不适合当推销员的。

以上三个指标是必备指标，后面会有详细的阐述。下面三条指标则是参考指标，你可以考虑也可以不考虑，应以企业实力和技术状况来确定。

（四）富有可信度的外在形象

凡是一看就过于精明强干的人，或者是一看就像做生意的人是不适合做推销的。其原因在于，这类人会引发顾客高度的戒备心。中国的传统观念是"无商不奸"，而销售人员是商人最典型的代表，因此大多数人对销售人员有天然的反感，所以给人可信感不强的人是绝对做不好销售员的。这就要求我们在招聘销售人员时，如果应聘者一眼看上去就像一个销售员，那么我们就应该坚决地把他淘汰出局，因为客户也会觉得他像一个典型的推销员，从而会对他产生高度的戒备心。在商业实践中，销售业绩做得比较好的人，多半给人的感觉是憨厚可靠。

(五)销售经验

所谓销售经验就是应聘者曾经做过一定时期的销售,积累了一定的经验。招聘有销售经验的人有利有弊。有销售经验的人上手比较快,但大量的企业经营实践显示,从人才市场上招聘的有销售经验的人,其忠诚度比较差。有的企业不愿意花费时间去培养新手,可以考虑招聘有销售经验的人;而有的企业更重视员工的忠诚度,则只需应聘者具有潜力就可以了。无论是销售经验还是销售潜力,运用专门的测试技术是可以测出来的。

(六)产品技术知识

大多数企业的推销员不需要懂得非常复杂的专业知识,可以从市场上招聘推销员后进行培训。但是,有些高科技企业产品的推销需要专门的知识,如软件、医疗设备等的推销,最好是有此专业背景的人做更合适。

二、哪些人不适合做销售员

(一)一年内调换单位达三次以上的人

一年内调换单位达三次以上的人无非是两种情况:第一种情况是此人能力太差,因此在任何一个单位都干不长,这样的人自然是不能招进来的;第二种情况是此人是流浪汉性格,那么他同样会把进入目前的公司当作他漫漫人生旅途的又一站,这样的人也是不能招进来做销售人员的。

(二)身体欠佳的人

销售是一项令人身心疲惫的工作,在一定程度上可以说是体力活,身体欠佳的人无法应付到处奔波、长期出差和大量的交际。另外,健康的身体是良好抗挫力的基础,很多研究证明从小体弱多病的人大多抗挫能力欠佳，遇到困难很容易退缩和放弃。因此，身体欠佳的人是不能做销售员的。

（三）"妻管严"的男人或怕丈夫的女人

凡是在夫妻生活中无法平等相处的人，其性格一般具有较强的妥协性，这样的人在销售产品中也会具有较强的妥协性。在谈判中，他们的心理状态容易处于下风，而且他们极易相信客户为讨价还价而发出的各种抱怨，不但对这种假抱怨信以为真，而且会向上级汇报。如果销售部门中这样的人太多，就会有许多虚假的信息包围营销副总或销售部经理。比如，"客户反映我们产品的价格太高了"，其实即使客户认为产品的价格是合理的，但为了讨价还价的需要，也总是会抱怨产品的价格太高了。这种"假抱怨"的信息包围决策层，就可能导致错误的决策。

（四）销售主管一见即不喜欢的人

假如应聘者一开始便不能获得销售主管的欣赏，一般而言，这个人即便由于种种原因招进来了，也很容易流失出去。因为既然领导不喜欢他（她），在日常工作中就会更多地去寻找和指证他（她）的缺点，而销售员在外面是要承受很大压力的，到企业内部又要承受上层的压力，这样他就会感到非常难受，自然就不大愿意在公司里待下去了。

（五）债务沉重的人

债务沉重的人其销售成交的欲望非常迫切，这样就容易产生欺骗客户的倾向。他（她）可能会为了成交，许诺子虚乌有的售后服务项目，对产品的功能进行不切实际的夸张，甚至可能为了还债而挪用公司的资金，更严重的还会把公司的货款席卷潜逃。当然，债务沉重的人也不一定每个人都出事，但债务沉重的人出事的概率是比较大的。

(六)刚离婚者

无论如何,离婚是对人心灵的沉重打击,刚离婚者心理状态是很糟糕的。心理学的研究证明:当人处于消极的心境时,其痛苦的阈限很低,外界很小的障碍或者挫折的刺激,在他的心里都会感觉很痛苦,难以忍受;同理,当人处于积极的心境时,其痛苦阈限很高,能忍受较大的痛苦。刚离婚者通常心境消极,很难接受销售过程中的心灵折磨。

(七)自述长期怀才不遇者

经常感叹"千里马常有,伯乐不常有"的人是不能被录取的。因为市场经济给人提供了无限的机遇,有才能的人总是会以这样或那样的方式凸显出来。一个人长期怀才不遇,必然隐藏着重大的缺陷。

(八)刚毕业的大学生

有许多企业到高校去招聘应届毕业生做推销员,这其实是一种错误的做法。因为高校毕业生尽管学历较高,但没有经历社会风雨的摔打,他们的心理素质一般是很差的。除了极少数学生干部或营销专业培养出来的人员,大多数应届毕业生是不能立即从事推销职业的。随着应届毕业生中独生子女比例的逐渐增大,应届毕业生心理素质差的现象将会越来越严重。许多企业在经营过程中发现,招收学校应届毕业生做推销员的人员流失率是高的。

第三节 软件化销售潜能测试的理论体系

通过上述经验的方法可以把一些不合适做销售员的人排除,但优秀销售员所需的心理素质却难以考察。有没有一种更为方便有效的销售员招聘方式呢?心理测验能够有效地解决上述难题。而心理测验中的纸笔测验由于使用方便、评估过程客观且费用低廉,历来在心理测验中占据了主导地位。随着计算机应用的普及,软件化心理测试在很大范围内取代了传统的纸笔心理测验。与一般纸笔测验不同的是,软件化心理测验的题目呈现、计分、结果输出、报告打印均是计算机化。销售潜能心理测试就是这样一种软件化的心理测试。

一、理论构建

销售人员选拔的重点应在于建立科学的选拔标准,而难点则在于建立选拔的选评、测试方法。选择销售员的标准有许多,如聪明程度、销售经验、外在形象等,企业往往将销售员是否聪明作为销售员选拔的首选条件,其实这是不对的。

鞠门学派人才测评研究小组经过多年的经验总结,以及从销售人员的行为样本出发,寻找与销售业绩相关程度较高的线索,发现有五条线索与销售业绩相关很高。其中的三条分别如下所示。

(一)抗挫能力

调查结果显示:销售人员所面临的最大困难是被客户拒绝或受到冷遇所带来的挫折感。美国推销员协会也曾经对推销员的拜访做过一次长期的调查研究,结果发现:40%的推销员,在第一次拜访遭遇挫折之后,就退缩了;25%的推销员,在第二次拜访遭遇挫折之后,也退却了;20%的推销员,在第三次拜访遭遇挫折之后,也放弃了;5%的推销员,在第四次拜访碰到挫折之后,也打退堂鼓了;只剩10%的推销员锲而不舍,毫不气馁,继续拜访下去。结果80%推销成功的个案,都是这最后剩下的10%的推销员继续拜访五次以上所达成的。

优秀的销售员应该具有良好的抗挫能力。遇到困难与失败时,能保持情绪稳定。销售是一种极具挑战性的工作,尤其是现在,形形色色的推销员对于各类消费者"轮番轰炸",造成了社会对推销员的普遍

反感和排斥，推销员所面对的挫折失败比比皆是，如果没有良好的抗挫能力，就不能成为一名优秀的推销员。

对于销售这个职业，其实最需要的素质是擅长用自己的"热脸"去碰他人的"冷面"，这种素质并非通过后天所能培养的。有些人先天不怕挫折，如果在此基础上加以后天塑造，将比反过来操作更加事半功倍。

销售人员还需要一定的自我激励能力。这是因为经常遇到各种不顺利的情况，只有销售员具备良好的自我激励能力，常常能够发挥自己的潜能，极力克服困难，才能达到销售目标。这就是销售人员必须具备一种高弹性的"弹簧"素质，即在激励的条件下能够弹得起来。而且，优质的"弹簧"并非在按得最重或最轻的情况下弹得最高，而是在压力最适当的情况下，反作用力最大。最糟糕的销售人员是那些对一切都抱有怀疑或时刻有强烈的自我保护意识的人。

（二）敏感性

鞠门学派心理研究小组对200名销售员的调查资料显示：60%的销售员反映因在销售过程中难以准确掌握对方的需求而无法达成交易。销售员如何从众多需求不同的消费群体中确定潜在顾客，从而进行有效推销，同时，如何从顾客或客户所传递的许多不明确的信息中确定对方的真正需求，依赖于销售员的敏感性。只有敏感性高的销售员，才能在与客户的交流中，通过观察了解对方的习惯、需要来准确、快速地预测对方的行为，及时做出判断，并投其所好，解决对方的问题，从而使生意成功的概率大增。优秀的销售员还要能设身处地地为顾客着想，帮他们解决各种困难，这就需要做一个好的观察者和倾听者，即少说多听。大多数销售人员，过于热衷去说服别人，而不是积极地去了解对方的实际需求。

比如一个软件系统的销售员，他向客户报价100万元，客户还价要求70万元,但客户还完价以后很快就站起来到处去找他的笔,销售员就应该感觉到:客户到处找笔很有可能是掩盖内心的慌乱,这说明客户对报价70万元并不具有很强的信心,客户真实的想法是认为报价太低了。又如,一名销售员和一位客户在谈生意,客户突然提出换一个更为正式的会议室谈,这个变化常常意味着客户的购买倾向加强等。这说明销售员敏锐的感同力是非常重要的。

敏感性的一个表现就是善于倾听。善于倾听的要则在于:销售员的肢体语言和口头语言与顾客说话的内容高度配合一致。比如,顾客在讲述他艰苦奋斗的创业史,善于倾听的销售员就会表露出敬佩的表情,甚至适当地睁大眼睛并用一些感叹词来配合顾客的述说,肯定对方从而调动顾客说话的积极性,为深入交谈创造条件。又如,顾客在讲一个笑话,那么无论这个笑话是否可笑,销售人员应该做的便是以朗声大笑来积极配合。

(三) 成就欲

一位资深的销售专家说,"所有优秀的销售员都有一个共同点:有成为杰出人士的成就欲望"。

高成就欲就是强烈地渴望有所作为,有想达成销售的强烈的个人意识。只有具有一种强烈的成就欲,才会竭尽全力地完成推销工作,并且永不满足。

高成就欲就是强烈地渴望有所作为。对推销员而言,就是对高薪有着强烈的渴望,知足常乐的人是不适合做推销员的。推销是一个压力很大的职业,推销员将不断地遭受拒绝与失败,如果没有强烈的成就欲,就无法激发起突破客户重重障碍的雄心。也许有这么个人,他看上去很粗糙,说话也不那么斯文,但他时时想到的是一定要把产品卖出去,他始终不忘最终的结果,那他就是个以结果为导向的人。也许他在整个销售过程中有些粗糙,而这也正是他进入公司后需要培养、发展和包装之处。

二、测题编制

根据构想的测试维度,笔者编写了许多题目。每个维度的比重可以先凭理论或经验设定,待取得大量的样本后可根据每个维度与总分或效标的相关性的大小来确定相应的比重。销售潜能测试全面考察了一个优秀销售员所需的核心素质,就能够避免在招聘过程中只抓一点而忽略其余的不足,能够全面衡量一个人是否能够做好销售工作。

围绕着销售潜能测试的五个维度,编制测试题目。考虑到应聘者会想到测试结果将与公司录用与否息息相关,可能会在测试过程中有失实的表现。为保证测试的准确性,研究者采用了下述措施。

(1) 题量大。总题目 100 个以上,每个维度题目都在 20 个以上,通过大量的题目来减少测验误差。因为测验的可信性有赖于测验题目的数量。其他条件相同的话,测验题目越多,则测验结果越可信。

(2) 虚题。虚题是指测验中不计分的干扰性题目。在测验中穿插一定数量的虚题,会分散受测者的注意力,降低其心理防范意识,防止被试猜测出题者的意图而不如实回答。

(3) 运用投射原理。投射原理的假定是,人们对外在事物的看法实际上反映其内在的真实状态或心理特征。测验的测题从被试的生活方面反映其工作情况,从其外部行为考察其内部心理特质。

(4) 迫选法。迫选法指让被试在题目所列出的选项上必须选择一个。有些题目的选项可能被试没有遇到过或并不完全符合,还是要求被试根据自己的倾向性选择一个答案。

(5) 题目中性化。中性化的题目不带有强烈的褒贬色彩,使受测者无法从题目本身判断应该选择哪个答案对自己有利。如"销售中遇到困难,我都能迎难而上"这样的倾向性很强的题目是不会出现在我们的测题中的。

（6）测谎题。在测验中穿插一些社会称许的题目，如果被试在这些题目上得分超过一定限度，则说明被试有"装好"倾向，没有如实回答问题，问卷结果无效。其中一个测谎题是"我有时发怒"，在这个问题上如实回答的话，大家都应该回答是，如果有"装好"倾向者就会回答否。笔者出了一系列类似的题目，如果被测者在这些问题上回答否的题目数超过限定的数量，就可以判定被测者没有如实回答。

（7）时间限制。测试的限定时间是研究者考察绝大多数被试完成该测试所需时间而得到的。有时间的限制就使被试没有过多时间思考如何回答会对自己有利，就可以使其凭第一反应作答，增加了测验的真实性。

三、测题举例

销售潜能心理测试是以性格测试的面目出现的，并不说明是测试销售潜能的，其指导语如下："本测试为性格倾向测试，每个人对这些问题都会有自己的看法，回答起来会不尽相同，只是表明个人态度的差异，因而对这些问题的回答并没有对与不对之分。您在回答时不要有任何的顾虑，也不要有任何的修饰。本测试每一测题都有四个可供选择的答案(A,B,C,D)，请在您认为适合于您的选项上点击。

请注意：本测试含测谎内容，故意撒谎会按撒谎程度系数自动调低您的分数。

仔细阅读每一题，然后根据您的实际情况，选择适合的答案。"

现就测验各维度测题举例如下：

抗挫能力

1. 你虽然并不歧视擦皮鞋的工作，但是，即使穷到极点，你也绝对不会去做这种工作。（　　）

　　A. 非常赞成（1分）　　　　　　B. 比较赞成（2分）

C. 比较不赞成（3分）　　　　D. 非常不赞成（4分）

2. 在一个很稳重的场合，事先没有任何准备，这时你的领导要你当众讲话，你会不自然。（　　）

　　A. 非常符合（1分）　　　　B. 比较符合（2分）

　　C. 比较不符合（3分）　　　D. 非常不符合（4分）

3. 你去参加一个宴会，发现大家都西装革履，穿着正式，而你却一身便服，你会为你的格格不入而非常不安。（　　）

　　A. 非常符合（1分）　　　　B. 比较符合（2分）

　　C. 比较不符合（3分）　　　D. 非常不符合（4分）

以第3题为例，以生活情境投射被试工作中的表现，如果一个人在这种情境下能够处乱不惊的话，其抗挫能力一定很强。同时题目四级计分，没有中间选项，通过这种迫选的方式让被试表态。

心理洞察力

1. 丈夫对妻子说："咱们家这孩子越来越不听话了，我说他两句，他还不高兴，几天都不跟我说话。"这个丈夫的目的是：（　　）。

　　A. 要求对方给予评价、比较（0分）

　　B. 要求对方的理解（4分）

　　C. 要求对方提供信息（0分）

　　D. 要求对方行为上予以支持（0分）

2. 如果有朋友向你讲述一个曾经听过的笑话时，你会（　　）。

　　A. 说这样老的笑话不要再讲了（1分）

　　B. 平静地说自己已经听过了（2分）

　　C. 坚持听完，但没什么反应（3分）

　　D. 顺着对方的叙述而露出笑意（4分）

3. 那些整天推测别人想法的人真是太累了。（　　）

A. 非常赞成（1分）　　　　　　B. 比较赞成（2分）

C. 比较不赞成（3分）　　　　　D. 非常不赞成（4分）

<u>以第3题为例，以对别人的评价来投射其心理，如果某人觉得推测别人想法的人很累的话，那他一定不愿意去做，其心理洞察力一定不高。</u>

成就欲

1. 你进入国际红十字会的医疗队，与其当一名出色的医疗队员不如当一名出色的医疗队长。（　　）

    A. 非常不赞成（1分）　　　　B. 比较不赞成（2分）

    C. 比较赞成（3分）　　　　　D. 非常赞成（4分）

2. 你是否最讨厌听人说："凡事不必争，因为人总有所长，有所短。"（　　）

    A. 非常符合（1分）　　　　　B. 比较符合（1分）

    C. 比较不符合（3分）　　　　D. 非常不符合（4分）

3. 人应该保持一种淡泊宁静的心态。（　　）

    A. 非常不赞成（4分）　　　　B. 比较不赞成（3分）

    C. 比较赞成（2分）　　　　　D. 非常赞成（1分）

<u>以第3题为例，题目为中性化的陈述，对此的态度可投射其心理，对此赞成的人自然也就愿意选择这种生活方式，也就不会争强好胜，其成就欲也就不高。</u>

四、评估的标准化

测验的有效性有赖于测验编制的标准化。首先，笔者通过项目分析删除一些鉴别度低于0.19的项目，提高项目对销售潜能的区分能力。然后，通过信度分析、效度分析获得测试信效性指标。信度是可靠性，是指测量结果的一致性程度。效度是指一个测验是否准确，即是否能

测量到它所测量的东西。结果表明,销售潜能测试的信度达到 0.89。其效度检验的判断标准是销售潜能测试结果与销售员的业绩相关性,结果发现两者的相关性为 0.79,并达到了显著水平。销售潜能心理测试各维度信效度检验结果表明,抗挫能力维度信度达到 0.92,与效标销售业绩的相关性为 0.82;心理洞察力维度信度为 0.87,与效标销售业绩的相关性为 0.77;成就欲维度信度达到 0.88,与效标销售业绩的相关性为 0.80。总之,销售潜能心理测试信效度良好,符合心理测量学上的要求。

笔者还建立了销售潜能心理测试的常模。常模是有代表性的大量样本在测验上的结果。常模可以作为评判个别差异的依据和比较的标准。销售潜能心理测试在全国范围内分层抽取 1 000 多名销售员,以他们的平均得分建立了中国常模。将被试得分与常模分进行比较,确定他在人群中所处的百分比得分作为对其销售潜能心理测试的评估结果。

五、测试软件化实施

考虑到使用心理测验软件的用户大多不是计算机专业人士,面对传统心理测验软件复杂的操作界面和包罗万象的初始化设计,往往无从下手。鞠门学派心理测评体系充分考虑到用户的这一实际问题,在设计测验软件的过程中采用统一的人性化界面,使您无论是安装,还是日常维护和操作软件,比上互联网还要轻松。

软件化的销售潜能测试有以下五个特点。

(1) 人机界面友好,操作简洁明了,被试仅需要在相关项目上点击即可,完成后会自动生成分析报告。

(2) 测试记录在档案库里,管理员可以根据需要"按总分高低"进行排序查询,也可以按不同分维度的得分高低进行排序查询。这样我们在录用人员时就可以根据不同的要求进行不同的排序,根据我们录用人数的多少筛选出相应的名额。

（3）测评结果报告图文并茂，既通俗易懂又具有较高的专业性。

（4）测评结果采用保密管理，提高测评的权威性和严肃性。

（5）测评的内容、题量、时间等设计合理、实效。

六、销售潜能心理测试的特点

本测试根据现代人力资源管理理论，依据心理学原理，利用西方先进心理测评技术，从测试应聘者的内在素质出发，客观全面地衡量其是否具备优秀销售员的条件，对企业选拔具有潜力的销售人员有很强的指导作用。

（1）本测试是从营销管理的角度提出的心理测试，有别于纯粹的心理测试，更具有实际使用价值。它最大的优点是有效地避免了测试者的主观影响。

（2）完全中国本土化的心理测量方式，准确测试中国人的心理状态。

（3）建立在西方最先进心理测量技术之上的原创性心理测试量表。

（4）多重设置的防假答题技巧，准确把握被测试者的心理品质。

（5）特别设置的测评维度，挑选出具备双赢谈判的销售高手。

销售潜能心理测试测量销售人员所需的核心特质，能有效地揭开应聘者的表面现象，起到了"透过现象看本质"作用。它用时很短，一个被试测试需二十分钟左右的时间，而且可以集体测试，从而节约大量时间及成本。事实上，许多企业都意识到，自己培养的销售员往往最能干、最忠心，而销售潜能测试作为一套科学、客观的测评方法，可以轻而易举地将极具培养潜力的新人甄别出来，并且可以根据测评结果对其进行有针对性的培训。销售潜能心理测试作为一套科学、客观的测评方法，必将在销售人员招聘中得到广泛应用。

识别说谎者
——鞠门学派诚信测试

第四章

4

第一节 诚信管理概述

一、诚信缺失的危害

对于社会和国家,公民诚信的缺失意味着什么?对于企业,员工诚信的缺失会带来什么?对于个人,诚信缺失会让他失去什么?

首先,社会诚信缺失会严重扰乱市场经济秩序和政府形象。诚信是市场经济的一个重要特征,也是最基本的市场道德。市场经济不但要以健全的法律、法规为基础来约束大家的经济活动,同样要以诚信为链条来维系交换秩序和市场秩序。一旦诚信的链条断开,市场经济就失去了最根本的游戏规则,造成秩序混乱。

其次,员工诚信的丧失会给企业带来致命的威胁。不诚信带来的损失究竟有多大,实际上很难确定。然而,据保守的估计,在美国企业中仅员工偷窃一项,每年因此而造成的损失就达 150 亿—250 亿美元;而另外一些估计的数字则更高。在美国,白领盗窃行为每年所造成的损失相当于每年街头盗窃行为所造成损失的 10 倍。另外,大约 30% 的破产主要归因于员工的偷窃行为。由于不诚信员工而造成企业间接的损失,比如,公司形象受损、公司的文化氛围被破坏,则是无法估量的。

最后,不诚信行为对员工自身其实也是危害深重。很多人自作聪明地以为,自己不诚信给自己带来的是利益,损失留给了别人,这其实是一种很短视的看法,因为不诚信而被人唾弃甚至身陷囹圄的例子,可以说是不胜枚举。

二、为什么会有诚信和欺骗:从博弈论的观点来看问题

诚信是相对的、有成本的,人们在诚信上的投入的收益会影响

着其诚信度的变化。从这个意义上说,诚信的成本可以理解为对诚信的投资。从经济学的角度看,人是否进行诚信投资依赖于人今后是否能因此获利以及他不诚信所要承担的风险。诚信的价值和诚信的成本总是对应的。劳而不获是君子,不是商人;不劳而获是小人,也不是商人。只有不断耕耘、不断收获,才能使商人的诚信得以持久。什么时候企业都能真正做到这一点,也就离强盛不远了。

博弈论又称对策论,主要是运用数学方法,研究在某一特定条件下如何针对别人的选择做出自己的决策。就好像下棋一样,双方你走一步,我走一步,每个人都要根据对方的选择来决定自己下一步的策略。如果把"博弈"用在经济学中,它则代表着商业往来及往来中所遵循的规则。这里的规则主要是指道德规范。博弈论就是要把所有这些可能出现的对策一组一组排列出来并进行分析,为决策和制度构建提供参考。当然这些博弈论分析是有条件的,例如:博弈的目的是谋取个人的利益最大化;博弈双方都具有足够的理性,并具有充分选择的自由;博弈的规则是平等的,因而可以保证合理的预期能够实现等。

当"博弈"单次进行时,即买卖双方只是偶尔做一把生意时,不遵守诚信的成本是低的,而收益是高的。比如,旅游景点购物的不可靠性,就是单次"博弈"的最好例子。由于旅游者的流动性,不仅对大多数游客来讲具有一次性意义,而且对商家而言更具有一锤子买卖的含义。因此,在没有任何约束的情况下,商家尽可大胆地坑蒙拐骗,而消费者一旦发现受骗后,重返景点与商家理论的成本是高昂的,所以真这么做的概率也是相当低的。如果道德风险并不必然带来或只是偶尔带来经济风险时,道德就会变得苍白无力,个体遵守道德的代价也是大的,在这种情况下个体不诚信的行为必然增加。

然而,当"博弈"重复进行时,即双方的买卖往来是定期的,或经常发生的,情景就会大不一样了。如果说在单次博弈中,消费者作为一个群体,由于信息不对称,似乎给人一种"上当没个够"的感觉;但在多次"博弈"中,消费者是绝不会"上当没个够"的。比如,你家楼下的小店主,一般不会向包括你在内的、经常光顾店内的熟客卖假货。他们通常只会把假货卖给偶尔路过此地而又急需某物品的过路客。小店主之所以这样做,是因为他深知欺诈熟客的风险大于欺诈过路客的风险,从而欺诈熟客的损失将大于欺诈过路客的损失。道德的风险只有能够转化为经济的损失,道德的约束才会有用。

三、诚信为什么可以测量:学习论观点

学习论认为,人们是否诚信主要是由于他们从成长过程中接触的环境不断学习的结果,这种观点主要是由一些行为主义心理学家提出来的。他们认为,人的意识与行为不但是受身心特点的制约,也受外界环境强化作用的影响。诚信与否当然也是两者影响的结果。比如,某人偶然一次不诚信的行为,如果带来可以满足的东西以及愉快的情绪体验,那么他实际上是受到一次不诚信的正强化;或者由于某次诚信的行为,结果给他带来不愉快的惩罚,那他实际上也是受到一次不诚信的正强化。久而久之,此人就会形成(学习到)一种不诚信的意识和行为,因为他认识到:不诚信是有好处的。

学习理论还认为,人生来并没有诚信与否之分,人的成长是不断从外界接收信息、做出反应的过程,但是,这种从社会中习得的行为在青少年时期就趋于稳定,特别是儿童时代的特殊经历对他的个性品质的影响具有非常重要的作用。正如行为主义学派的代表人物华生所说:"给我一打健康的儿童,不管他的才能、嗜好、能力、种族,我可以把他训练成我所希望的任何一种人——医生、律师、艺术家或者是小偷。"

第二节 诚信测试方法

员工诚信难以培训,所以,要想提高企业员工的普遍诚信度,最好的办法莫过于在人员招聘时对其诚信度作出合理的评估。

预测与评估诚信的方法,从古至今不下百种。据说诸葛亮在考察人才的时候除了"问之以是非以观其智,穷之以词以观其变,咨之以谋以观其识,告之以难以观其勇"之外,还"敬之以酒,以观其德"。

一、艺术化测试

(一)经验判断法

某些体态语言,尤其是面部表情同说谎关系密切。说谎的人多半表现为:椭圆形的笑,抿嘴而笑,用手轻轻搔鼻,以手掩口,说话时不时故意干咳,不自然地脸红,额部出汗,不时眨眼,说话时眼睛旁视左右,不敢直视前方,低眉垂目,看着地面。

压手法也可以被用来进行诚信测试分析。压手测试要求接受测试的人在回答问题的时候,把一只手伸直放平。主试把一只手搭在那个人的手上。问话时,通过感知受测者臂力的变化来考察其是否说谎。

这些方法虽然具有一定的道理,但是因为都是建立在主观的个人经验判断之上,难免会有失偏颇。比如在相同的情况下,由于不同的评判员个人的经验不同,经常会导致各人的解释结果不一致,并且,老练的撒谎者也可能有意地控制住某些明显的行为表现。

(二)笔迹分析法

也有研究者提出,可以根据一个人的笔迹来分析他是否说谎,比如,一位研究笔迹分析学的美国专家在分析字体的基本特征时,把不诚实的笔迹归纳为以下七种形式。

(1) 过分缓慢或费劲的书写：算计，行为不是发自内心的；

(2) 连续出错：心中忧虑，内外表现不一；

(3) 连续修描或改变书写形式：忧虑，企图掩盖事实或某种踪迹；

(4) 过分修饰或矫揉造作：隐瞒或哄骗；

(5) 写圈或其他字母时笔顺颠倒：阴险、欺诈；

(6) 笔迹左倾或基线起伏晃动：躲躲闪闪、含糊其辞；

(7) 关键字写得潦草不清：说谎。

美国曾经有一家汽车公司为每年因零部件失窃而损失的100万美元大伤脑筋。他们请来了国际笔迹鉴定咨询社主任安德烈·麦克尼科尔。这位专家要求公司的所有雇员写下他们对盗窃案的看法。通过笔迹分析，他指出副总裁就是幕后策划者。后经进一步的调查，证实了他的结论。

又如，一家百货公司在盘货时发现大量首饰和高级化妆品不翼而飞，保安请来了笔迹分析专家简·密尔斯。她取得了在这个公司工作的30名雇员的笔记材料，经过分析，把嫌疑人数减少到3个人。经过调查，其中的2个人是一个盗窃集团的成员。

（三）情景模拟法

这种方法是预先布置一种很自然的情景，然后观察应试者在此情景下的行为表现，从而对他的诚信度进行测量。这种方法广泛应用于学校情景中，比如，美国心理学家哈特削恩和梅两人创设了这样一个诚实情景测验：

首先在课堂里进行词汇、算术、推理、句子完成测验，收好学生试卷之后，复印一份留作比较时的参考；

下一堂课时，将未批改的改卷连同标准答案一起发给学生，让学生自己回家批改，并打上分数；

收回试卷，与原来复印的试卷对照，可以看出学生是否诚实，回家

是否修改了答案。

另一类诚实测验由多种特制的材料组成,包括曲线迷、周迷、方迷三种测验。例如,周迷测验中,给学生一张画有10个大小不等和位置不规则的圆圈的纸。要求学生闭紧双眼,用铅笔在每一个小圆圈中画上记号。根据哈、梅二氏的研究,每次顶多只能画中4—5个小圆圈,所以连续测量三次总成绩不应超过13个(分),如果超过此分,则表示被试不诚实。上述三个测验均要求事先通过控制测验确定诚实分数常模,即在不偷看的情况下,各种团体的被试所能获得的最高分数。如果在情景测验中,属于某个团体的人的分数超过了该团体的常模最高分数,那么可以认为这个人在说谎。

诚实情景测验也可以应用于企业人力资源管理中。比如,员工招聘中,各个企业可以根据自己的情况,设计相应的情景测试题,来考察应聘人员的诚实度。

二、科学化测试

诚信考察固然需要日常经验的判断,但科学化的测试手段显然更具优势和前途。

(一) 软件化纸笔测试

纸笔测试,顾名思义是通过书面的形式进行的,而随着计算机技术的发展,这种测验也可以通过系统软件来实现。

纸笔测试是基于心理学的心理测量理论上的。由于人的心理属性抽象而不易琢磨,因此实现客观的测量比较困难,有人据此对心理属性测量的可能性产生了怀疑。其实,心理属性和物理属性一样,都是可以测量的。在20世纪初,心理学家和测验学者,已经对心理属性测量的可能性,在理论上做出了明确的阐述。简而言之,有两个原则。首先,任何现象只要客观存在,就有数量性质。例如,人的智力有高低之分,学生的成绩有优劣之别。这高低和优劣之间就体现着程度的不同。程度之差也就是数量的不同。其次,凡是有数量的东西,都可以测量。虽然我们不能用尺子来量它,用秤来称它,但是它必定会反映在人的某种行为之中。于是,我们就可以通过对人的行为的测量来推测他的某种心理属性。纸笔测验形式是通过提供一些自我评定问卷,即对测量的人格、特征通过科学的标准化心理测验程序编制许多测题,让被试者回答,从其答案来判断某些个性特征。

测量应试者的诚信度,可以通过一些心理测量技术如虚题、投射技术、重复呈现、迫选法,分析影响诚信的核心构成要素,从而达到对应试者的诚信度评估(详细介绍见下一节)。

(二) 测谎仪

在介绍测谎仪测量说谎者诚信程度时,必须先提一下与其立论基础相似的炒米花技术。炒米花是小朋友喜爱吃的一种食品,古代印度法官审判嫌疑犯便采用这样一种方法:让嫌疑人嘴里含一把炒米,嚼一会把米吐出来,如果米是干的证明犯罪嫌疑很大;如果米是湿的证明犯罪嫌疑小些。理由是如果犯罪嫌疑人是罪犯,必然心理紧张,唾液分泌就少,所以吐出的米是干的;如果他不是罪犯,心理就不紧张,唾液分泌不受影响,所以吐出来的米是湿的。这种用嚼米来识别嫌疑犯的方法似乎简单快捷,却是建立在一定的科学基础之上。但是,仔细推敲一下,用炒米识嫌疑犯方法尽管快捷,但颇有令人生疑的地方:其一是刚患了感冒口干舌燥的人唾液分泌势必会少,这时让他嚼炒米结果必与嫌疑犯测试的结果颇为相似;其二是一些视生命如儿戏的"二进宫""三进宫"之徒,他嚼炒米不一定就心理紧张,唾液分泌也不会减少,用嚼炒米来测试,其结果倒显得他是一个清白之人。相反,炒米如果做得美味可口,他倒可以借机大饱口福,这样用炒米识嫌犯岂不便宜了他?

测谎仪的工作原理是：① 人们在说谎时不由自主地会产生一定心理压力,这些压力又会引发出一系列诸如心跳加速、血压升高、呼吸速度和容量略见异常等受人体自主神经控制,人的主观意志无法控制生理现象。然而,这些细微的生理反应人是难以觉察或无法准确识别的,但通过电子技术可以将这些测试的生理现象记录下来。② 客观现实是心理的源泉和内容,大脑对客观事物的反应是受客观刺激后作用于心理的结果。在通常情况下,犯罪分子在实施犯罪过程中心理异常紧张,他作案时所感知的形象、体验的情绪,会在大脑中留下深刻的印象,犯罪嫌疑人在接受测谎检验时,犯罪时的心理体验会不自觉地流露出来。最新研究表明,人在说谎时,阴影部分的脑电波变化将有所不同。

自测谎仪问世之日起,对它的争论就从来没有停止过。测谎仪到底有多可靠呢?它能够有效地区分惊慌失措的无辜者和连眼睛都不眨一下的撒谎者吗?人类能否研制出更先进的测谎仪,以对付那些老谋深算的"地下鼹鼠"?

然而,准确性问题以及对个人隐私的侵犯也曾玷污了测谎仪的名声。日本心理学家因宝指出:"对训练有素的说谎者来说,70%的案件可以作出正确判断,20%的案件很难做判断,10%的案件作了错误判断。"测谎的结论之所以只能作为参考不能作为判断依据,就源于此。20世纪80年代末,美国联邦法律曾禁止大部分私营企业使用测谎仪,半数以上的州政府也取消了利用测谎仪的结果作为法庭证据的合法性。"现在的精神生理学已经与1920年时的不一样了",美国科学院的保罗·斯特恩说,"有人正在证明,肯定会有更好的测谎方法"。美国科学院的一个研究小组在保罗的领导下,正在重新审视测谎仪的准确性问题,并试图找到最好的测谎方法。

(三) 声波分析仪

声波分析仪的测谎原理类似于测谎仪,创始人里查德·帕顿是一名律师,当他的一位女当事人受到性暴力伤害之后警方却无法用传统的测谎仪证明嫌犯有罪,于是帕顿开始了持续一年研究更先进的测谎技术的努力。在一家以色列公司的帮助下,帕顿已经研发出了效果更佳的新型测谎软件,该软件能够在被测人声音的变化中找寻确凿的撒谎证据,从而给警方和司法机构提供强有力的线索。

传统的测谎仪技术仅仅是对被测人在回答问题时的声音进行记录,分析能力却非常有限。帕顿这次研发的测谎软件却可以对被测人声音频率的变化进行细致的分析研究。当被测人开始说话后,软件就会对被测人声音中反映出来的一些可以感知的压力水平进行绘图,其还可以很快地对被测人的声音变化加以评估,包括其声音的紧张程度、话语的准确程度和真实程度、说话时犹豫还是决断的程度以及情绪是否激动或兴奋等。

第三节 鞠门学派测评体系之诚信测试

尽管在目前的中国,能力及能力倾向测试在企业招聘中被越来越频繁使用,但诚信测试仍然是一个全新的概念,应用者更是寥寥无几。

事实上,诚信测试的意义并不亚于能力测试。培养企业的持续竞争力是现代人力资源管理的核心任务,而健康的组织文化建设与管理是完成这一核心任务的重要手段。但是,一个诚信上有问题的员工是很难融入健康的组织文化中去的。相反,这些人常常会阻碍组织文化建设的正常进行。客观地说,诚信测试不是企业招聘人才的充分条件,却是必要条件,也就是说,诚信的人未必能被选中,但所选的人必须是诚信的人。

纸笔的诚信测试分为两种基本类型。公开测试主要直接测量一些违法违纪的不诚信行为。它通常要求受测者做出关于不诚信行为的自我报告。隐蔽测试则是一种间接的测试,它通过人格测试来间接

地发现不诚信行为的倾向,而没有明显地测试偷盗欺诈等不诚信倾向的痕迹。大量的关于效度方面的资料表明,纸笔诚信测试的结果确实与一系列的反生产行为和主管人员对整体绩效所做的评价之间有正相关。也就是说,纸笔诚信测试是较为有效的。但是,由于公开测试的表面效度(即从题目表面是否容易看到出题人的意向和答案倾向)与社会称许性(即题目本身的答案反映了一般社会价值倾向,答题者很容易抛开事实,投其所好)较高,被测者容易隐藏自己的真实观点,以致测试结果往往不够真实,因此我们主要使用隐蔽性的纸笔测试。

然而,使用隐蔽性纸笔测试,它的效度是我们关注的核心。要获得较高的效度,即最有效地测量到我们所要测的目标,依赖于建立测评系统的整个过程的标准化。这个过程主要有以下三个步骤。

一、确立行为样本

诚信,从字面上讲是指一个人的诚实性和信用程度。从纯粹的理论角度出发,诚信是说出一切我们认为是真理的东西,做出一切合乎道义的承诺。在现实生活中,能完全做到这些的人极少,所以作为企业只要求员工不说假话、不许假诺、不做损害企业的行为。我们特意从反面来规定这一基本义务还有一层特殊的意义。若从正面表述,作为基本义务的诚信可以表述为说真话的义务,但是,我们是否有义务去说出一切我们认为是真理的东西呢? 甚至更进一步,我们是否有义务去揭露一切我们从周围的人那里所发现的一切我们认为是谎言的东西呢? 把这一要求作为基本义务,按照现实及我们中国文化的标准显然是不恰当的。所以,我们没有必要罗列企业中诚信的行为是什么,而是只罗列了企业中不诚信的行为,如假发票报销、飞单、卷款潜逃、盗卖配方、偷窃等。

二、理论构建

该理论的构建是从这些不诚信的行为样本出发,来寻找与诚信行为相关程度较高的线索。笔者经过样本分析,发现有如下六条线索与诚信行为相关程度较高。

(一)受测者身边人群的诚信状况

一般而言,假定受测者身边人群的骗子较多,那么受测者本人不诚信的可能性也大。所谓"近朱者赤,近墨者黑",就是这个道理。

(二)受测者对社会奖罚机制的看法

假如受测者认为在这个社会环境中不诚信能得到好处,诚信要倒霉,那么他本人不诚信的可能性也大。

(三)受测者对社会主流行为是否诚信的看法

假如受测者认为社会大多数人是不诚信的,那么受从众心理的影响,受测者本人不诚信的可能性也大。

(四)受测者的人性观

假定受测者本人的人性观是性恶论,那么不诚信的可能性大。反之,受测者的人性观是性善论,那么诚信的可能性大。

(五)受测者的面子观

样本研究显示:面子观较强的人,较易守信用。面子观较弱的人,他在撕毁诺言时内疚心理较轻。所以,面子观较弱的人,更易倾向于不诚信。面子观的核心内容之一是对名誉及名声的向往程度。

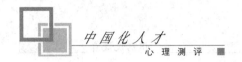

（六）受测者的胆量

样本研究显示：胆小的人更易守信用，胆大的人更易打破规则。所谓胆大妄为就是这个道理。

三、编制测题

根据不同维度出题，每个维度的比重可以先凭理论或经验设定，待取得大量的样本后可根据每个维度与总分或效标的相关性的大小来确定相应的比重。

围绕着这六个维度，可以出测试题。出题时应尽量减少表面效度，即受测者无法从题目本身判断应该选择哪个答案对自己有利。为此，我们可采用四个措施：① 总题量应该在 100 个以上，通过大量的题目来减少误差，减少表面效度的影响；② 在题目中穿插一定数量的假题目，以分散受测者的注意力；③ 尽量应用投射原理；④ 出题尽量中性化，不要带强烈的褒贬色彩。

现列举 6 个测试题以兹说明。

1. 受测者身边人群的诚信状况

（A：1 分、B：2 分、C：3 分、D：4 分、E：5 分）

● 在我身边背叛感情的人和事太多。（　　）

 A. 非常同意　　　B. 比较同意　　　C. 一般

 D. 比较不同意　　E. 非常不同意

● 我在玩牌或麻将时，我的牌友中喜欢做小动作的人很多。（　　）

 A. 非常同意　　　B. 比较同意　　　C. 一般

 D. 比较不同意　　E. 非常不同意

● 也许我太善良，我上的当要比别人多一些。（　　）

 A. 非常同意　　　B. 比较同意　　　C. 一般

D. 比较不同意　　　E. 非常不同意

2. 受测者对社会奖罚机制的看法

　　（A：1分、B：2分、C：3分、D：4分、E：5分）

● 现实生产中老实人总是吃亏。（　　）

　　A. 非常正确　　　B. 比较正确　　　C. 一般

　　D. 比较不正确　　E. 非常不正确

● 社会上很多不法分子逍遥法外。（　　）

　　A. 非常正确　　　B. 比较正确　　　C. 一般

　　D. 比较不正确　　E. 非常不正确

● 溜须拍马虽然是不对的，却有很多人因此受益。（　　）

　　A. 非常正确　　　B. 比较正确　　　C. 一般

　　D. 比较不正确　　E. 非常不正确

3. 受测者对社会主流行为是否诚信的看法

　　（A：1分、B：2分、C：3分、D：4分、E：5分）

● 我发现大多数人认为"马无夜草不肥，人无横财不富"。（　　）

　　A. 非常同意　　　B. 比较同意　　　C. 一般

　　D. 比较不同意　　E. 非常不同意

● 我的熟人中被他人骗的事较多。（　　）

　　A. 非常同意　　　B. 比较同意　　　C. 一般

　　D. 比较不同意　　E. 非常不同意

● 我认为大多数人都或多或少有违背道德的隐私，只不过他们不说而已。（　　）

　　A. 非常同意　　　B. 比较同意　　　C. 一般

　　D. 比较不同意　　E. 非常不同意

4. 受测者的人性观

　　（A：1分、B：2分、C：3分、D：4分、E：5分）

● 我认为大多数人在不受惩罚的前提下，都会干损人利己的

事。（　　）

　　A. 非常同意　　　B. 比较同意　　　C. 一般

　　D. 比较不同意　　E. 非常不同意

● 有人说人类存在自私基因，你估计相信的人非常多吗？（　　）

　　A. 非常多　　　　B. 比较多　　　　C. 一般

　　D. 比较少　　　　E. 非常少

● 我认为大多数人是十分容易受诱惑的。（　　）

　　A. 非常同意　　　B. 比较同意　　　C. 一般

　　D. 比较不同意　　E. 非常不同意

5. 受测者的面子观

（A：5分、B：4分、C：3分、D：2分、E：1分）

● "人活一口气，树活一张皮"，我对这个问题的认识是：（　　）。

　　A. 非常同意　　　B. 比较同意　　　C. 一般

　　D. 比较不同意　　E. 非常不同意

● 我认为名牌或高质地的服装对提升一个人的形象和身份：（　　）。

　　A. 非常重要　　　B. 比较重要　　　C. 一般

　　D. 不太重要　　　E. 毫不重要

● 如果我家很小，如带客人来家我会感到有伤自尊。（　　）

　　A. 非常同意　　　B. 比较同意　　　C. 一般

　　D. 比较不同意　　E. 非常不同意

6. 受测者的胆量

（A：5分、B：4分、C：3分、D：2分、E：1分）

● 周围的人认为我很谨慎。（　　）

　　A. 非常同意　　　B. 比较同意　　　C. 一般

　　D. 比较不同意　　E. 非常不同意

● 对投机性营利活动我的态度是：（　　）。

  A. 非常不喜欢　　　B. 不太喜欢　　　C. 一般
  D. 比较喜欢　　　E. 非常喜欢
● 独自一人到一个陌生的、没有熟人的小县城深夜12点坐出租车时我会感到：（　　）。
  A. 非常紧张　　　B. 有点紧张　　　C. 一般
  D. 不太紧张　　　E. 毫不紧张

四、评估系统的标准化

  首先，我们通过项目分析删除一些鉴别度低的项目，提高项目对诚信与不诚信的区分能力；其次，通过信度分析、效度分析获得测试有效性的指标；最后，建立常模（即大量随机被试测试结果的平均值和标准差），将每个被试的得分与常模的比较，确定他在人群中所处的位置作为对他诚信度的评估结果，而不是凭一个单纯的得分。当然，必要时，我们还可根据年龄、性别、文化程度、职业等外部特征来建立多个常模，对不同的被试者用相应的常模作为评估标准。

谁是最有领导力的人
——鞠门学派领导能力测试
第五章

第一节　领导能力简述

在企业中，领导者居于独特的地位，发挥着独特的作用，他们往往成为影响企业成败的重要因素，因此，如何挑选和培养具有领导能力的人才，是一个极其重要的问题。

合格的管理者所应该具备的领导能力是多方面的，不同国家对于领导者所应具备的特性与能力要求千差万别。比如日本、美国和中国对于管理者的领导能力要求分别如下。

日本企业界普遍要求领导者必须具备的十项能力为思维决定能力、规划能力、判断能力、创造能力、洞察能力、劝说能力、对人理解能力、解决问题的能力、培养下级的能力、调动积极性的能力。

美国企业界提出企业家应该具有的十大条件为合作精神、决策才能、组织能力、精于授权、善于应变、勇于负责、敢于求新、敢担风险、尊重他人、品德超人。

中国企业界对于管理者的要求，尚没有非常明确的标准，大体上说，讲究管理者"德才兼备"，特别是把管理者的道德水平放在极其重要的地位。这是因为西方国家的市场经济已经非常发达，管理行为非常标准化，完善的制度约束着管理者的行为。而在中国，体系的不完备要求管理者的领导行为在很大程度上依赖于其自律性。另外，对管理者的专业素质要求也非常高，强调专家型领导，而随着经济全球化，软专家（即职业经理人）管理正在日趋流行。

最近，中国的一些管理学、心理学研究者在充分借鉴国外管理理论的基础上，提出了与管理者的管理绩效相关的五种人格因素，即"大五"人格理论：情绪稳定性、责任感、热情度、支配性、冒险性。"大五"领导素质观是一种整合化较强的领导理论。它不认为人的单一个性

素质便可决定其能否成为领导者,它认为,只能从几组个性的集合才能看出其真正的能力与素质,一个人占有这些个性越多,他在从事领导工作时就显得越有基础。

不同国家,甚至是不同性质的企业对于管理者的能力和特质要求也会有差异,随着职业经理阶层的兴起,寻求准确的、核心的管理者领导能力评价标准显得尤为重要,它是摆在所有企业面前的一个迫在眉睫的问题。

第二节 领导能力常用的评估方法

这里我们主要探讨的是在人员招聘中,经常被使用的一些检测领导能力的方法。

一、无领导小组讨论

无领导小组讨论是从西方引进的一种发现具有良好领导潜能者的群体讨论方法,它的操作流程是由一组应试者组成一个临时工作小组,讨论给定的问题,并做出决策。由于这个小组是临时拼凑的,并不指定谁是负责人,目的就在于考察应试者的表现,尤其是看谁会从中脱颖而出,成为自发的领导者。在无领导小组讨论中,或者不给应试者指定特别的角色(不定角色的无领导小组讨论),或者只是给每个应试者指定一个彼此平等的角色(定角色的无领导小组讨论),但这两种类型都不指定谁是领导,也并不指定每个应试者应该坐在哪个位置,而是让所有受测者自行安排、自行组织,评价者只是通过安排应试者的讨论题目,观察每个应试者的表现,给应试者的各个要素评分,从而对应试者的能力、素质水平做出判断。

无领导小组讨论的程序如下:

(1)阅读材料,作五分钟发言准备;

（2）正式发言，畅谈见解：每人按顺序先作简单的自我介绍，再简短地正式发言；

（3）参与讨论，呈现自我：个人发言完毕，进行小组讨论，达成一致意见；

（4）角色模拟，总结发言：结束前，请每人以组长身份进行简短的会议小结。

无领导小组讨论主要有以下三个优点：

（1）能考查出笔试和一般化面试所不易准确把握的能力和素质；

（2）能观察到被测者之间的相互影响作用和被测者无意间暴露的各方面特征；

（3）应用范围广，可以应用在技术领域、管理领域和其他专业领域。

但是，它也存在以下三个方面的缺点：

（1）对考官的评分技术要求较高，考官应该接受专门的培训；

（2）对应试者的评价易受考官各个方面特别是主观意见的影响（如偏见和误解），从而导致考官对应试者评价结果的不一致；

（3）指定角色的随意性，可能导致应试者之间地位的不平等。

在无领导小组讨论中，考官评价的依据标准主要是参与热情度、综合分析能力、口头表达能力、人际影响力等。

讨论题目的形式一般为开放式问题、两难问题、多项选择问题、操作性问题、资源争夺问题。

无领导小组讨论的题材要求讨论的题目没有明显的答案或正确与否之分，它应该能够引起充分的争论。

二、文件筐测验

文件筐测验，是将工作情境中可能遇到的各种典型问题设计成信函、请示、备忘录等书面形式，让受测者在规定时间内写出书面处理意见或决定。文件筐测验比较适合对管理人员,特别是高层管理者的测评。它可以考察应试者多方面的能力,如计划分析能力、判断决策能力以及对下属的指挥能力。与通常的纸笔测验相比,显得生动而不呆板,这项测评为每一个被测验者都提供了均等的场景、条件和机会,较能反映被测者的真实能力水平,也可以做到比较直观的测评。文件筐测验除了可以用作评价和选拔管理人才外,还可以用于培训如何提高管理者的领导技巧、解决人际冲突和解决组织内部摩擦技巧等。因此,通过文件筐测试不仅可以在招聘过程中选拔出具有良好管理技能的应聘者,还可以为人力资源规划和组织设计提供大量有价值的信息。

文件筐测验也可以根据其测验题材、评分标准的结构化程度,分为开放式文件筐测验、半结构化文件筐测验和结构化文件筐测验。一般而言,结构化的文件筐测验考察受测者的计划、组织、领导、控制、决策等五个基本的管理职能方面的能力。

三、软件测试

软件测试是通过把一些标准化的测试题目通过软件形式而得到实现,现在国外(主要是美国),有超过40%的企业在招聘过程中结合使用软件测试来检测应聘者的各方面个性和能力,领导能力测试也应用得非常广泛。国内也有很多人才测评公司使用国外领导能力测评版本进行招聘中的测评工作,但由于中外企业环境和文化的差异,以及很多测评公司的本土化工作做得远远不够,所以其效用大打折扣。鞠门学派人才测评体系中的领导能力测试则是充分借鉴国外先进的心理测量理论和模式,完全是基于中国本土化、针对中国人群开发的,其使用价值已经充分得到了市场的肯定(具体介绍见第四节)。

第三节　鞠门学派测评体系之领导能力管理游戏测试法

管理游戏也是招聘过程中经常使用的方法，它可以考察应聘者的责任感、主动性、合作性、团队精神以及领导能力等各方面的素质和潜能。它的做法多种多样，一般在这类游戏中，小组被分配完成一定的任务，只有良好的合作才能较好地完成它（有时也引入一些竞争因素）。通过应试者在完成任务过程中所表现出来的行为来测评应试者的素质。

下面介绍鞠门学派人才测评体系中的管理游戏（主要测试领导力的游戏）——循环活动选举法，该方法由一系列的活动组成。

第一个活动是"过河游戏"，让一个群体分成两个亚群体，两个亚群体的游戏参与者的任务要求是采用不同的方式过河。在一块较为开阔的空地上，两组成员相对而站或坐，中间画一条线为河，两个小组依次采用不同的方式过河，不能重复。比如，有的人想到可以飞过去，有的人想到游过去等，在提出一个想法的时候伴之以该种方法的形体动作，最后不能想出新方法的小组被判为失利。这种游戏可以考察参与者的领导特征、人际关系处理、团队精神、创新能力以及为完成团队目标而对本团队成员的鼓励和激励能力等。在该游戏结束后，即一个小组不能想出新的方式方法后，让两个亚群体分别选出各自的队长，有时人数较多还可以选一个副队长，继续进行下一轮的活动游戏。

接着进行的活动是"捣乱性拔河"。在该活动进行之前，可以让各自队长进行动员工作，由他们自己决定动员形式，比如，可以通过取队名、喊口号以及其他一些动员方式，活动组织者可以稍作提示。动员工作可以在很大程度上体现队长们的领导能力、人际影响力和激励水平。

捣乱性拔河的操作与我们大家都非常熟悉的拔河游戏基本上是一致的,不再赘述。关键的地方在于它增设一个或多个捣乱者,他们的任务是在两个亚群体的拔河比赛中,扮演到对方群体中的捣乱者角色,他们可以使用一切手段进行捣乱,如搔痒、拔腿、推搡等一切"恶劣"的手段,为本方谋利益;同时,如果人数比较多,还可以设立一个督察员,专门看管本方队员拔河的投入程度以及捣乱者对对方的破坏程度。当拔河分出胜负后,可由队长对本方队员的表现以及团队的整体表现进行总结,时间允许可以安排所有参与队员谈谈体会,通过拔河活动的赛前准备、赛前动员以及随后的总结陈词等多方面可以使得参与者的领导能力得到进一步的体现。

如果还不能确定参与者中谁的领导能力强,可再进行一次整个小组(不是亚组)的正副队长的选举。要求每个人都发表竞选演讲,给予所有人一个充分表现自己的机会。然后,大家用提名的方法每人写出自己希望的组长和副组长,得票最多的就是组长和副组长。发表演讲可以体现出领导者的号召力、语言表达能力、控制欲和魄力。选出来的组长和副组长就是领导能力比较出色的人。

在管理游戏中,一般经过以上的一轮游戏能够辨明群体中领导能力优秀者,假如最后的选举中得票拉不开距离,判断不出组长和副组长,可以再把以上的两个游戏和选举进行一次,直到选票距离拉开而且明显可以看出组长和副组长。

这个游戏测评,在评判时无需专业的人才测评人士,只要有可以有序组织活动的人员就可以进行。游戏也不要求彼此一开始就熟悉,来自四面八方的应聘者集合起来后通过游戏彼此能很快放松并增进了解,这样选出来的领导者是比较出色的。经过鞠门学派研发小组的多次验证,这种评价方法的信效度也是很高的。

管理游戏的优点是它能够突破实际工作情景时间与空间的限制,模拟内容真实感强,操作简便,富有团队间(有时也可以团队内)的竞争性,趣味性很强。管理游戏与无领导小组讨论操作原理比较类似。

第四节　鞠门学派测试体系之领导能力软件化心理测试

综合国内外的理论研究和企业实战经验,我们认为公认的领导者所应具备的能力指标,主要包括尽职能力、计划能力、组织能力等 14 项。我们根据这些指标,在充分考虑了中国企业管理者的人格特征和能力结构的基础上,经过大量专家访谈、企业实证问卷调查和大量的能力题目测试后,确定了以下 11 项作为领导者的能力结构维度:尽职能力、计划能力、组织能力、引导能力、创新潜能、表达能力、适应能力、开拓能力、应变能力、沟通能力与控制能力,如图 5-1 所示。

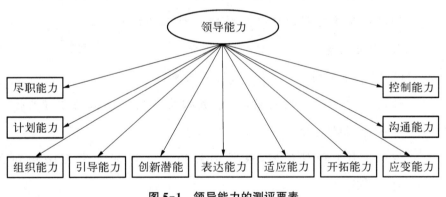

图 5-1　领导能力的测评要素

我们的目的不仅要在实践中为企业管理人员招聘提供科学的测评手段和依据,更是要探索中国本土化的企业管理人员关键的能力结构状况,以及影响管理者领导能力的主要因素和人格特征。

在前述理论构思的基础上,我们首先进行了题目编制工作。为了使所编制的测验能广泛地运用于人事测评之中,选择便于集体测试的自陈式测试方式,采用五级计分制来实施测评,并从两个方面来收集

测验项目的素材：第一是采用群体讨论的方式从现实生活中寻找测题的素材；第二是从有关文献和杂志上查找相关的素材并对其进行认真分析、比较、挑选或改造，确定可用的素材来编写测验项目。项目编写主要是采用分散编写、集中讨论的方式，然后每个项目经过群体讨论，删除了那些具有表面效度、社会规范和称许性，但与维度相关不大的项目。在经过多轮次的预测试及删补题的基础上，最终形成了一份具有140个题目的定型量表，该量表的质量通过了鞠门学派质控体系的检验，表现在量表的内部一致性信度 $a=0.96$，分半信度系数为0.93，管理者样本和非管理者样本得分的差异比较（效度）的显著性水平在.000上，这充分说明本量表具有极高的信效度，质量很高。

下面对量表的维度解释作一简单说明，并各举一个题目为例。

1. 尽职能力——工作中能做到恪尽职守，是责任心的表现。
   例题：经常受到批评必然会使一个人消极怠工。（   ）
   A. 完全同意　　　B. 比较同意　　　C. 一般
   D. 比较不同意　　E. 完全不同意

2. 计划能力——行动之前，在掌握相关信息基础上制订可行性目标和计划的能力。
   例题：由于种种原因，我所制订的一些计划常常无法顺利实施。（   ）
   A. 完全同意　　　B. 比较同意　　　C. 一般
   D. 比较不同意　　E. 完全不同意

3. 组织能力——能发挥部属的才能，善于组织人力、物力和财力。
   例题：很多事情自己去做更省心，叫别人去做反而麻烦多多。（   ）
   A. 完全同意　　　B. 比较同意　　　C. 一般
   D. 比较不同意　　E. 完全不同意

4. 引导能力——指引和影响组织实现某种目标的能力。

   例题：我不愿意让自己在人群中显眼。（   ）

   A. 完全同意　　　B. 比较同意　　　C. 一般

   D. 比较不同意　　E. 完全不同意

5. 创新潜能——对新鲜事物敏感，富想象力，思路开阔，善于提出新设想、新方案。

   例题：我不喜欢标新立异。（   ）

   A. 完全同意　　　B. 比较同意　　　C. 一般

   D. 比较不同意　　E. 完全不同意

6. 表达能力——准确、清晰地把自己的想法通过言语、肢体和书面形式表达出来的能力。

   例题：与别人争论，常常哑口无言，之后才想到该如何反驳。（   ）

   A. 完全同意　　　B. 比较同意　　　C. 一般

   D. 比较不同意　　E. 完全不同意

7. 适应能力——对新环境、新工作、新岗位能快速适应的能力。

   例题：我更喜欢而且也更擅长做一些我很熟悉的工作。（   ）

   A. 完全同意　　　B. 比较同意　　　C. 一般

   D. 比较不同意　　E. 完全不同意

8. 开拓能力——敢想敢干，不惜承担风险，不怕遭受挫折的决心、勇气和能力。

   例题：我宁愿我的职业是有固定可靠的收入。（   ）

   A. 完全同意　　　B. 比较同意　　　C. 一般

   D. 比较不同意　　E. 完全不同意

9. 应变能力——能权宜通达、机动进取、不抱残守缺、不墨守成规。

   例题：对于下属合理的抱怨，常常很难应对。（   ）

A. 完全同意　　　B. 比较同意　　　C. 一般

D. 比较不同意　　E. 完全不同意

10. 沟通能力——理解、劝说他人的能力。

例题：我和别人发生的大部分争论，是因为双方都没有准确理解对方的意思。（　　）

A. 完全同意　　　B. 比较同意　　　C. 一般

D. 比较不同意　　E. 完全不同意

11. 控制能力——对事物的全局具有极强的控制欲，对事情的进展有效掌控的能力。

例题：走路很少注意到周围的东西。（　　）

A. 完全同意　　　B. 比较同意　　　C. 一般

D. 比较不同意　　E. 完全不同意

　　上一节所述的检测领导能力的方法如无领导小组讨论、文件筐测验和管理游戏方法，由于其操作流程，特别是评价标准很难做到科学、标准化，而且不能利用计算机系统软件形式对应聘者进行测评，所以很难迎合信息技术发展的潮流。所以，我们认为通过量表方式进行测试，如鞠门学派人才测评体系之领导能力测评，是一种比较有前途的做法。它的操作流程极为规范标准，评分体系一致，计算机实现又能很快地对应聘者作出评价，所以，它的测评结果是更为迅速、可靠的。鞠门学派领导能力测评软件已经得到了广泛的证实，客户的使用满意度也非常高。

　　当然，如果时间充裕，综合使用几种领导能力检测方法可以获得更为良好的效果。

寻找稳定的员工
——鞠门学派跳槽倾向测试
第六章

随着社会发展速度加快,人才流动的规模和频率与以往相比有很大的不同。目前社会上跳槽的现象比比皆是,如高级工程师在公司工作不到三个月,便离职跳槽到其他单位,一个星期就申请了与原公司相似项目的专利;又如,就职仅三个月的新员工,公司刚刚出资培训好,就成为其他公司的人了;总经理因为得力助手突然走掉,焦躁不安;技术部核心成员离职,带走了技术等。

人才流动总是难免的,但是频繁的跳槽和核心员工的主动离职会导致社会运作成本加大,也会给企业带来重大损失。因此,对跳槽倾向强者的识别与管理已是当今人力资源管理中的重要任务。

第一节 员工离职(跳槽)管理

一、什么样的人容易跳槽

员工跳槽有外部因素方面的原因,但外部原因只有与员工自身具体情况发生作用后,才会最终影响到他的稳定性,也就是说,每个人的"内因"起着更大的作用。鞠门学派研发小组的招聘专家总结多年的招聘实战经验有以下发现。

(一)年龄

鞠门学派人才测评系统中的跳槽倾向测试在应用中发现,年龄在20—30岁的人最容易跳槽。在激烈的人才就业市场上,年龄将会"贬值",如目前普遍存在于招聘广告中的"35岁现象"(招聘的人员年龄要求在35岁以下)就是实例。这说明,当到达一定年龄后,跳槽的可能性会相对减少。

（二）性别

有调查表明，男性"跳槽"频率稍高于女性。从有换工作经历的人群看，男性换工作的频率与女性相差不大，但是稍高于女性。从换工作的数量看，换工作在四次以上的男性多于女性，换过工作的男性为20.6％，而女性则为14.1％。

（三）是否结婚或谈恋爱

与单身的人相比，结婚和谈恋爱的人由于需要一个比较稳定的收入维持生活，跳槽会对其有较大的经济压力，也就会不容易跳槽。

（四）关系密切人群工资差距

关系密切人群指交往甚多、相互影响很大的人群，可以是夫妻、恋人、好朋友、同学等。如在家庭中，妻子比丈夫的工资高的话，丈夫就会容易跳槽。这是因为一方面丈夫由于大男子主义心理的作用，会感到心里非常不平衡；另一方面妻子也常会吹枕边风，这样的话，丈夫很容易跳槽。

（五）跳槽经验

有调查表明，近2/3的有跳槽经验者表示如果有可能，还会继续跳槽。北京和上海的被访者非常一致，两个城市表示还会跳槽的被访者比例都是70.1％，而广州被访者这一选择的比例为57.1％。

（六）安全感注重程度

有的人比较谨慎小心，对工作的稳定性看得非常重要，如果没有确定的把握，他们不会轻易换工作，也就不容易跳槽了。

（七）成就欲望

成就欲望指强烈地渴望有所作为，动力十足，总喜欢富有挑战性

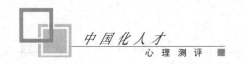

的工作。成就欲望高的人永不满足现状,积极地寻找新的刺激,一旦现有环境不能满足成就需要,他们就会很容易跳槽。

(八) 周围人群跳槽倾向

根据学习论的观点,人的观念、行为要受到外部环境的影响。如果受测者周围人群跳槽倾向强的话,其跳槽倾向强的可能性会非常大。

除上述因素外,员工跳槽倾向还受到其人际关系导向强弱、环境熟悉状况等因素的影响。上述因素会影响到员工的稳定性,但对具体某个人来说,这些因素并没有起决定作用。如果要对员工跳槽倾向作全面量化分析的话,请参照下一节介绍的鞠门学派研发小组开发的跳槽倾向测试。

二、影响员工跳槽的因素

俗话说得好,人往高处走,水往低处流。员工跳槽与否不但受到上述个人因素的影响,还受到公司薪酬待遇、工作环境、人际关系等诸多因素的影响。概括起来,主要有以下五点。

(一) 薪酬待遇问题

薪水不高是跳槽的最主要因素。对于多数企业中的普通员工和基层主管来说,生存需要是主要的,所以对薪酬的刺激更为敏感。有调查显示,原来的工作"薪水不高"是人们跳槽的最主要原因,提及率为52.5%。

(二) 公司环境

一个企业的企业文化、管理制度、激励体系以及发展前景是决定员工稳定性最重要的因素。每个员工都希望在一家优秀的公司工作,公司的基础设施建设、健康的企业文化、规范的管理制度、公平合理的激励体系、良好的发展前景等都构成了优秀企业的必备要素。如果在这些方面有缺失的话，企业对原有员工的斥力就会增强，但只有这些，还不能对员工产生足够的吸引力。其实只有具有企业个性和特质的东西才是真正具有吸引力的，特别是能与员工价值取向产生共鸣的企业特征因素，能够使员工产生持久的忠诚性和稳定性。

（三）工作（岗位）关系

现在员工与企业之间不再只是简单的劳动和金钱的交换，对于员工个人来说，到企业中来，一方面是谋生所需，从更深一层意义上来讲，他是希望找到事业的平台，通过组织提供的资源和机会，来提升自己的能力，实现人生价值。一个合适的岗位，其工作本身就可以对员工产生巨大的吸引力，所以说，对员工的工作安排，包括职位设计、发展通道以及培训机会，这些都是影响其稳定性最直接的因素。据哈佛企业管理顾问公司的离职原因调查显示，"想尝试新工作以培养其他方面的特长"被列于众多原因之首。

（四）人际关系

员工在工作中必然会涉及团队协作，这就要求员工会处理各种各样的人际关系，如果人际关系融洽，团队协作愉快，那么员工会保持很高的士气。如果人际关系恶劣，不但不利于工作开展，员工队伍的稳定性也会受到影响。特别要强调是，员工与直接上级的关系是人际环境中最重要的因素，一旦员工感觉到不被领导认可，或者受到了不公正的对待，那么员工离职的可能性会非常高。

（五）外部市场

在市场经济环境下，人力资源也是具有流动性的市场资源要素，

各个企业都将以自己的方式来吸引人才。如果供需失衡,如人才供不应求,那么非常高的价格或者条件就会在人才市场上出现,这对于企业内部员工来说就会形成巨大的吸引力,原有的稳态平衡可能就会被打破,从而造成员工的流失。另外,个人创业门槛的降低也使得许多有抱负的员工选择离开公司,自立门户。

第二节 招聘中的跳槽倾向的鉴别

一、简易测评法

简易测评法是通过审查应聘者的应聘材料,以及与应聘者面谈来了解其跳槽倾向的一种方法。其操作步骤如下:

为获得最真实的应聘者的从业经历,可采用一些小技巧。首先,为了帮助应聘者解脱,使其合理化,降低其心理防卫机制,可向其说明,"你的简历就是简单的经历,所以大家都会写得很简单,现在要求你写一个详细的经历"。然后,再施加压力,使其反映出真实情况。可以对应聘者说,"请把工作经历的起止时间写清楚,中间不得留下空白,我们会对相关情况做调查,所以请如实回答"。通过上述措施就可以了解到其详细且真实的从业经历。

通过应聘者的从业经历,可以获得对其跳槽倾向的了解。如果一个人在半年内换了数家公司的话,我们就可以断定其跳槽倾向非常强。

同样,我们可以通过向应聘者了解其职业生涯规划,对以前所在公司的评价等方面的信息来综合评定其跳槽倾向。

二、跳槽倾向测试

许多应聘者的离职倾向可以在上述简易测试当中获知。当然,这对于人事经验较少的面试官来说还是有些难度,而且其有效性也因人而异。鞠门学派人才测评体系中的跳槽倾向测试能够有效地解决这个问题,建议可将之结合到招聘过程当中来,一方面提高面试的准确性,也可以降低因招聘过程不当和后期工作不足造成的管理成本浪费。

跳槽倾向测试彻底改变了这种使企业处于被动的局面,它帮助企业在新员工招聘时就严格控制,使企业充分了解应聘者的跳槽习惯,有目的地安置新员工的工作,如核心部门需要跳槽倾向低的员工,而销售部为鼓励竞争可以使用跳槽倾向高的员工。

(一) 跳槽倾向测试的理论构建

本测试从员工的个性特征、社会知觉、自我意识、生活特征等方面测试,可以准确测量被试个体独特的思维倾向性、对社会的认识,特别是对社会经济现状的认识与评估、对自己的看法与评估以及其个体生活背景等,从而使企业管理者发现应聘者的跳槽倾向。

1. 自我与社会认知

如果一个人认为自己的能力没有得到充分发挥,同时找工作预计很乐观的话,其跳槽的倾向性会很高。

2. 安全感注重程度

有的人比较谨慎小心,对工作的稳定性看得非常重要,如果没有确定的把握,他们不敢轻易换工作,也就不容易跳槽了。胆大的人更易打破规则。

3. 成就欲望

成就欲望高的人永不满足现状,会积极地寻找新的刺激,一旦现有环境不能满足成就需要,他们就会很容易跳槽。

4. 生活状况与经历

有经济压力的人不容易跳槽。有跳槽经验者继续跳槽的可能性会很大。同时,如果受测者周围人群跳槽倾向强的话,其跳槽倾向强的可能性会非常大。

(二) 测题举例

自我与社会认知

1. 我认为自己的综合能力在多数人之上。（　　）
   A. 完全赞成　　B. 基本赞成　　C. 不一定
   D. 基本反对　　E. 完全反对

2. 对我而言,社会给我提供了更为广阔的就业市场。（　　）
   A. 完全赞成　　B. 基本赞成　　C. 不一定
   D. 基本反对　　E. 完全反对

3. 到一个新的企业,我能很快适应新环境、新工作。（　　）
   A. 完全赞成　　B. 基本赞成　　C. 不一定
   D. 基本反对　　E. 完全反对

安全感注重程度

1. 我认为驾车应该有多快开多快,享受高速快感。（　　）
   A. 完全赞成　　B. 基本赞成　　C. 不一定
   D. 基本反对　　E. 完全反对

2. 我喜欢从事挑战性大的工作。（　　）
   A. 完全赞成　　B. 基本赞成　　C. 不一定
   D. 基本反对　　E. 完全反对

3. 参加晚宴时,即使很想上洗手间,我也会忍着直到宴会结束。（　　）
   A. 完全赞成　　B. 基本赞成　　C. 不一定
   D. 基本反对　　E. 完全反对

成就欲望

1. 对你来说,金钱只不过是一种符号。（　　）

A. 非常赞成 B. 比较赞成
C. 比较不赞成 D. 非常不赞成

2. 人应该保持一颗淡泊宁静的心态。（　　）

A. 非常赞成 B. 比较赞成
C. 比较不赞成 D. 非常不赞成

3. 我不喜欢测量我能力的场面。（　　）

A. 非常赞成 B. 比较赞成
C. 比较不赞成 D. 非常不赞成

生活状况与经历

1. 即使没有工作我也不会感到有经济压力。（　　）

A. 完全赞成 B. 基本赞成 C. 不一定
D. 基本反对 E. 完全反对

2. 和我的同辈比起来，我家的经济情况相对要好，根本不用担心今后的生活。（　　）

A. 完全赞成 B. 基本赞成 C. 不一定
D. 基本反对 E. 完全反对

3. 我觉得身边好多人在一年中要跳好几次槽，而且每次都越跳越好。（　　）

A. 完全赞成 B. 基本赞成 C. 不一定
D. 基本反对 E. 完全反对

（三）跳槽倾向测试的特点

（1）跳槽倾向测试的内部一致性信度为 0.91，与跳槽次数的关联效度为 0.82。这充分说明本量表具有极高的可靠性和有效性，质量很高。

（2）建立在西方最先进心理测量技术之上的原创性心理测试量表，完全中国本土化的常模，准确测试中国人的心理状态。

（3）全方位测试，全面考查受测者离职倾向的情况，多重设置的防假答题技巧，能准确把握被测试者的真实水平。

（四）跳槽倾向测试结果与员工安置

跳槽倾向测试的结果一般可分为四类，即跳槽倾向很弱、中等、中等偏上、很强，可根据其特点进行有针对性的安置。

（1）跳槽倾向很弱的人可以委任不需要创新研究的岗位的工作，并尽量在企业中减少他们的人数，这样的人太多了不适合企业的发展创新。

（2）跳槽倾向中等者基本可以委任不太需要创新研究的岗位的工作，并针对其创新能力进行培训。

（3）跳槽倾向中等偏上者可以委任任何岗位的工作，这一部分员工应该成为企业组织的中坚力量。这样能使公司保持较强的活力和竞争力。但需要配合正确的就业观念指导，并警惕其离职所可能发生的损失。

（4）跳槽倾向很强者可以委任不涉及企业机密或不可能损害企业利益的岗位的工作，并配合实施较为严密的监控制度。这类人特别适合担任营销工作。

第三节　如何降低员工流动率

员工离职是每个企业都会面临的问题，保持一定的流动是有益的，但是员工离职率一旦超过一定的限度，特别是员工自愿离职增加时，则会对企业带来不利影响。核心员工的流失或者普通员工短期内大量离职，不仅会对公司目前工作的开展造成损失，同时也可能影响到整个公司的工作气氛，产生诸多消极影响。那么，企业如何适当降低员工的流动率呢？

一、排除跳槽倾向大的求职者

近来的研究显示,几乎80%的员工流失与招聘阶段的失误有关。在招聘期,重点是要过滤掉一批显然不会在企业长期待下去的应聘者。企业在招聘和甄选过程中,往往只重视对求职者工作能力的考察,但是仔细查看求职者的申请材料并加以分析,还能获得其他有用信息,例如:该求职者曾经在哪些企业工作过,平均工作时间长短,离职原因等。通过这些信息可以预先排除那些跳槽倾向较大的求职者。对于核心员工,还可以对其提供的申请材料加以调查核对,以防止其作假。

二、新进员工的管理

新进员工对企业内部情况不够了解,在应聘时对公司是"雾里看花",来了以后又觉得现实和想象差距太大,不甚满意,常会趁早走人。目前不少应聘者是抱着"骑驴找马"的心态,同时应聘多家公司,一旦找到更好的,立刻跳槽。在新员工进入公司以后,要有一段时间的封闭期,要尽量安排充分的企业文化教育和技能培训,让新员工的全部精力和时间投入工作当中来,避免他们在闲暇时间里另谋高就。必要的时候,还可以采取"一带一"的培养方式,让一个老员工来帮助一个新员工在较短的时间内了解公司、同事,并且快速上手开展工作。同时,对一些流动率比较大的岗位,还要避免新进人员相互间的负面影响,如发牢骚、攀比工资等。因为同期来到公司的员工容易结成一派,同进同退。所以,适当地岔开新员工进入公司的时间会有所帮助。对新进员工的管理要注意他们会有一个经验的跳槽周期,即新员工在三个月试用期、工作一年后容易离职,到达这个危险期时,公司要进行有针对性的思想工作,降低其离职率。实践证明,这种方式的效果是颇为明显的。

三、实施内部流动制度

某些员工本身就有较强的流动倾向,其流动具有某种必然性,他们或者是由于对原有工作失去兴趣,或者是想尝试新工作以培养新技能。针对这种情况,企业可以采取内部流动的方式来迎合这种需求,减少离职倾向,从而达到考察职工的适应性、开发职工多种能力、进行在职训练、培养主管的目的。对新职工可根据最初的适应性考察,分别分配到不同部门去工作。在部门内,为了使他们尽早了解到工作全貌,同时也为了进一步进行适应性考察,不立即确定他们的工作岗位,而是让他们在各个岗位上轮流工作一定时期,亲身体验各个不同岗位的工作情况,为以后工作中的协作配合打好基础。经过这样的岗位轮换(每一岗位结束时都有考评评语),企业对于新职工的适应性有了更清楚的了解,最后才确定他们的正式工作岗位。这样可以帮助新员工消除对单调乏味工作的厌烦情绪,使工作内容扩大化、丰富化。例如,SONY公司定期公布职位的空缺情况,员工可以不通过本部门主管直接去应聘:如果应聘成功,则可以得到新工作;如果应聘不上,则仍从事原工作,同时等待下一次机会。事实证明,内部流动能在一定程度上减少员工的流出数量。对于小公司由于岗位的丰富性不够,内部招聘的方式可能行不通,也可以采用内部"轮岗制",丰富其工作内容。

四、合同约束

合同约束即在员工进入企业之前,采用契约的形式规定员工对企业的义务,约束其行为,目的是为了防范由于员工流失而给企业带来损害。如企业可以与员工事先签订相关协定,要求员工在离开企业后的一段时间内不得从事与本企业有竞争关系的工作。企业还可以在合同中规定:如果员工离开企业,需要继续为本企业保守商业秘密、技术秘密等,同时规定相应的补偿措施。在这一方面,企业应十分重视运用已有的《专利法》《劳动法》《反不正当竞争法》等法律手段保护自身的合法权益。

五、担保

这是一种将员工的流失风险转移到企业外部的有效方式,其实质是保证人承诺对被保证人的行为不忠、违约或失误负间接责任。具体来讲,当职业介绍机构、猎头公司或推荐人向用人企业推荐员工时,使其承诺对所推荐员工在应聘、工作、离职过程中的弄虚作假、失误或违约等行为负间接责任。

企业的核心员工要选择跳槽倾向相对较弱的,这并不意味着所有的员工不流动就是好事。企业员工保持一定的流动是有益的,比如可以减少冗员,提高效率,为其他员工留出更多的发展空间,并且还能引入新鲜血液,增强企业活力。离职倾向的形成是多种因素导致的,我们不能因某位被试的离职倾向高或低而拒绝录用。因为无论离职倾向的高低都有他们的优点和不足之处,人力资源管理的目的是在了解员工特点的基础上做出适当的安置,使他们都能在企业中找到合适的工作岗位,发挥自己的优势,给公司带来效益。

洞察斤斤计较的人
——鞠门学派放松测试
第七章

7

在生活中，我们经常可以见到这样一些人：常常为一些鸡毛蒜皮的事纠缠不休、大动干戈甚至大打出手；为了一些睚眦之事也会撕破脸面，或千方百计地寻找机会报复或散布流言蜚语中伤他人。办公室里，只要平日我们多加留意，也不难发觉那些人的自私心理。不论平日他们掩饰得多么好，一旦涉及个人利益问题时，便很容易露出庐山真面目：他们会以各种借口推掉不属于自己的工作责任，如"能力不行""让其他同志多锻炼"等，有时还故意逃避责任。

第一节　斤斤计较的危害

斤斤计较的人固守自己的利益，得失心强，表面上看是种小毛病，但可能为企业带来极大的危害。自私是一种强劲的负面力量。首先，由于自私狭隘、心胸不宽广，工作时他们会将目光放在人而不是事上。嫉妒心和贪欲使他们更加关心别人而不是自己的事情做得怎么样。一旦发现别人的工作成果胜于自己，他就采取讽刺、挖苦、打击等种种手段来试图压过别人以求得一种心理上的平衡，从而影响他人的工作积极性。

其次，斤斤计较的人总是以自己的利益为重，并将它放大，置于组织利益之上。这常使他们不能客观理性地看待问题，他们习惯站在自己的立场上去理解企业行为，将企业看成剥削者，将自己与企业的关系看成付出与回报的关系，他要求企业"给一分钱出一分力""不给钱不出力"，缺乏安全感和对企业的归属感，也就缺乏对工作的责任心和敬业精神。更严重的是，由于受到利益驱使，他们会想方设法钻企业规章制度的漏洞，揩他人之油。

另外，一个自私的人，是不可能宽宏大度让利于人的，他们的吹毛

求疵、得陇望蜀的习惯，决定了他们与任何人都难以相处，并会起到坏榜样的作用。

少数人的自私自利、斤斤计较，很可能造成一个组织整体激情的丧失，而一个丧失了激情的队伍，是绝不可能有战斗力的。因此，在企业的招聘中，选才伊始就应该把这些"动机自私，利益狭隘，行为功利"的人拒之于门外，以防给组织文化建设带来不良的影响。

第二节 斤斤计较测试举例

正如前面提到的那样，喜欢斤斤计较的人不是我们一眼就可以看出来的，只有在关键时刻，他们的庐山真面目才能显现出来。但是，对于一个企业的领导者来说，等到那个时候才慧眼识"英雄"未免为时已晚。我们必须借助相对科学的测试方法。

一、理论构建

在学术界，对斤斤计较的研究比较少，还没有一种相对成熟的理论。然而，在企业的实际操作中，对斤斤计较的认识和鉴别却是比较重要的。鞠门学派心理研究小组长期的招聘实践和丰厚的心理学知识，促使了斤斤计较测试的出台。

斤斤计较是一种潜在的心理状态。随着时间的推移，它会演化为一种稳定的人格特征。一个人开始可能只对特定事物斤斤计较，到后来就会习惯性地对所有事情斤斤计较。设置本测试的目的就是要将这种相对稳定的人格特征甄别出来。

从字面上理解，斤斤计较是指那种以自我为中心、只关心自己的蝇头小利、爱钻牛角尖的人。从心理学角度来分析，其本质特征可以概括为五个方面，这里只公布其中四个方面。

（1）自私倾向。自私倾向高的人习惯于站在自己的立场上去看问题,他们只关心自身利益,而不关心他人以及所处群体的利益。

(2) 怀疑性。怀疑性高的人主要表现在对人对事疑心病重,固执己见,不信任别人。这样的人,总认为自己是受害者,其他人是骗子,总担心自己上当受骗;在工作中则常常认为自己的任务最重、最苦,付出最多得到的回报却最少。

(3) 归因取向。将成功归于自己,将失败归于外界的人容易斤斤计较。

(4) 环境强化。斤斤计较的人相信"不哭的孩子没奶喝",觉得遇到不公正时一定要大声疾呼才能解决问题。然而,中国的很多管理者就怕"乱",怕"惹麻烦",往往会安慰那些斤斤计较的人。于是,斤斤计较的人的斤斤计较行为受到正强化,越来越斤斤计较。

二、测题举例

斤斤计较是一种不为社会所接纳的个性特征,如果题目的表面效度太高,会使测试的结果失实,所以测题尽可能采取投射的方式或是情景性的。以此为原则,以上述的理论构想为基础,我们组织专家进行测验项目的确定。项目编写主要是采取分散编写、集中讨论的方式,每一个项目都经过集体讨论获得一致意见后,才作为入选的项目,然后进行项目分析并进行题目的删减。

各个维度的题目选列部分如下。

自私倾向

1. 有科学家断言人有自私的基因,你同意吗?(　　)
   A. 完全赞成　　B. 基本赞成　　C. 不一定
   D. 基本反对　　E. 完全反对

2. 现在的人大多欺善怕恶,你自己不争取,别人就会欺负你。(　　)

A. 完全赞成　　　B. 基本赞成　　　C. 不一定
   D. 基本反对　　　E. 完全反对

3. 得到别人的帮助,常深感不安。（　　）
   A. 完全赞成　　　B. 基本赞成　　　C. 不一定
   D. 基本反对　　　E. 完全反对

怀疑性

1. 现在社会上不公平的现象太多了。（　　）
   A. 完全赞成　　　B. 基本赞成　　　C. 不一定
   D. 基本反对　　　E. 完全反对

2. 在同一个办公室里,不同的办公位置之间的好坏差异也很明显。（　　）
   A. 完全赞成　　　B. 基本赞成　　　C. 不一定
   D. 基本反对　　　E. 完全反对

3. 你从来不理大街上那些乞讨的人,因为他们多数是骗人的。（　　）
   A. 完全赞成　　　B. 基本赞成　　　C. 不一定
   D. 基本反对　　　E. 完全反对

归因取向

1. 大多数时候我的失败都是由于运气不好。（　　）
   A. 完全赞成　　　B. 基本赞成　　　C. 不一定
   D. 基本反对　　　E. 完全反对

2. 过去取得的成绩都是由于我的能力强和我不懈的努力。（　　）
   A. 完全赞成　　　B. 基本赞成　　　C. 不一定
   D. 基本反对　　　E. 完全反对

3. 外界环境对我取得的成就几乎没有帮助。（　　）
   A. 完全赞成　　　B. 基本赞成　　　C. 不一定
   D. 基本反对　　　E. 完全反对

环境强化

1. 不哭的孩子没奶喝,现在的社会就是这样的。（　　）
   A. 完全赞成　　　　B. 基本赞成　　　　C. 不一定
   D. 基本反对　　　　E. 完全反对

2. 人都是欺软怕硬的。（　　）
   A. 完全赞成　　　　B. 基本赞成　　　　C. 不一定
   D. 基本反对　　　　E. 完全反对

3. 自己该得的就要努力争取。（　　）
   A. 完全赞成　　　　B. 基本赞成　　　　C. 不一定
   D. 基本反对　　　　E. 完全反对

三、测试特征

斤斤计较倾向测试的内部一致性系数为 0.83,效度为 0.80。这充分说明本测试是可靠且有效的,质量较高。

本测试立足于本土,并以实践经验为基础,开辟了一条对工作中的一些不良倾向的量化之路,可为一些没有现成理论而在工作中又很重要的心理特质测量提供借鉴。

四、测试结果与员工安置

斤斤计较倾向的测试结果一般可分为三类,即斤斤计较倾向较弱、中等、较强,可根据其特点进行有针对性的安置和处理,如下所示。

对于斤斤计较倾向较弱的人,可以安排一些需要团体合作的工作岗位。因为他们为人随和,易与人相处,对周围的人和事情很少猜忌,善与人合作。

对于斤斤计较倾向中等的人,可以安排一些不须与很多人打交道的工作。这样,就缺乏与人比较的机会,能安心工作。

对于斤斤计较倾向较强的人,尽量不安排其职位。如果其胜任工作的能力尚可,也可巧妙进行管理:当他提出不合理要求时,要委婉地向他讲明各种不能办的原因,并且要巧妙地劝阻他产生得陇望蜀的无理要求,防止再次提出其他不合理要求。要从根本上解决问题,请参考第四节。

第三节 鞠门学派放松测试

鞠门学派心理研究小组在长期的实践中,还创立了一种降低招聘风险的有效方法——放松测试法。这种方法是在借鉴心理分析学和社会心理学理论的基础上发展起来的,在介绍这种方法之前,让我们先来了解一下其基本原理。

一、放松测试法的心理学原理

心理学的研究表明,当一个人处于清醒状态时,会使用各种防御机制将自己武装起来,人的一些欲望、不合理的要求以及一些不受欢迎的缺点都统统被隐藏起来。因为人是社会的动物,生活在社会中就不得不遵从社会的规则、适应社会的要求,否则就可能招致社会的惩罚、威望及其他利益的丧失等。这样,在招聘中我们认为是优秀的人才,在实际工作中却往往不如人意,这就是人防御机制作用的结果:应聘者总是会把好的、受人欢迎的一面表现给面试者(当然这种表现很可能是虚假的),而把不好或不受欢迎的一面隐藏起来。所以,对人才的招聘需要冒很大的风险。但是,当人的意识处于朦胧状态时,这种防御机制就会大大减弱。最典型的是在睡梦中醉酒后,人的言行基本不受意识的控制,也就不存在强烈的防御机制,这时候人的言语行为最能反映其本来的面目。实践表明,饮酒能使人产生放松及防御机制减弱的现象,从而使相互之间的交往也就更加不受约束,因此有助于社交的成功。

此外,社会心理学的研究也告诉我们,当一个人处于群体情景中时,如果他想以某种方式行动,可能会感到内心有束缚,阻碍他这样做。接着,如果他看到群体中有人以他想要的方式行动了,他就跟着以这种方式行动。榜样的行动减少了阻止个体以某种方式行动的内心限制,解除了约束,就会出现行为传染的现象。

放松测试法就是在上述原理的基础上发展起来的。

二、放松测试法简介

简言之,放松测试法是利用各种放松技术以及其他能减弱防御机制的手段来促使应聘者表达真实想法的方法。酒会、游戏、舞会等都可以作为放松的手段,另外,心理学上经常使用的投射法,可使个体在完全不知道测试目的的情况下展示其内心世界。

(一)酒会鉴别法

酒会鉴别法通常是选择一个接近就餐的时间进行面试。在就餐前的这段时间里,与所有应聘者预先建立融洽的关系,最好不要让他们知道参加酒会的是重要领导,而是让他们相信主考官只是与他们平等的员工或相应的管理人员。面试进行到一半,很自然地请他们一起进餐。就餐期间,喝酒是一道必不可少的程序,每个人都不得以任何理由推辞(当然饮酒量要适度,不宜过多)。主考官要尽量做到和蔼可亲、言行轻松以拉近与应聘者之间的距离,充分调动大家说话的积极性和整个酒会的活跃气氛。随着酒会的进行,大家觥筹交错、彼此交谈的声音变大。酒至半酣时,主考官可借机提出各种问题:你对这个公司有什么要求?你认为公司是不是应该提供晚餐?……在提问的过程中,主考官要仔细观察每个人的反应。这时候有的人会回答"无所谓""没关系",而有的人则可能借着竿子往上爬,主动提出越来越多相关的问题和要求等。这时候,我们就可以分辨哪些是斤斤计较的人、哪些人比较淡泊了。一般说来,斤斤计较的人往往会抓住一些蝇头小利不肯放过,因此对一些涉及个人利益的东西非常关注。由于问题是由主考官提出的,每个人都可能会说出自己的要求,因此不能以应聘者是否提出要求作为判断的依据,而应该以提出相关要求的多少作为判断一个人是否斤斤计较的标准。

下面是可供参考的问题:
- √ 你对就餐有什么要求?那饭菜质量呢?
- √ 对上班和下班时间有什么要求?
- √ 对迟到罚款有什么看法?
- √ 如果公司需要你出差,你认为住食行应该满足什么条件?
- √ 对公司旅游有什么看法?
- √ 如果公司不准打私人电话,你能接受吗?

由于每个企业的情况各不相同,所提的问题可以根据企业的实际情况进行设计。

(二)投射法

投射法是通过向受测者提供一些未经组织的刺激情景,让应聘者在不受限制的情景下自由表现的方法,我们根据其反应以推测其人格特点。它强调的是人格结构中的潜意识范畴。用非学术的语言来说,从施测者方面来讲,是"旁敲侧击""醉翁之意不在酒";而从受测者方面来说,是"不经意中露真情"。

以此为基础,我们可预先设计几种情景(可根据酒会鉴别法中介绍的问题来进行情景设置)。比如,一张图片上描述了这样的情景:××公司食堂里有人正在进餐,但他一脸不开心的样子;举箸不定,胃口看起来很不好;再看饭菜,似乎只有一份青菜和一份简单的汤。

图片下面有这样一个问题:这个人在想什么?(请根据下面的选

项做出选择。)

  A. 每天不变的饭菜,真让人难以下咽。这个公司太小器了。
  B. 女朋友离我而去了,我该怎么办呢?
  C. 我是不是该换一家公司呢?
  D. 同事们为什么跟我突然疏远了呢?

  显然,选 A 者,相对于其他选项会更倾向于从经济角度来看待问题。如果在多组图片中,受测者都倾向于作出此类选择,那么受测者斤斤计较的可能性就大大增加了。可根据图片的多少来确定判断斤斤计较的标准,一般以图片数量的 50% 为标准。

  除上述方法之外,还有很多其他的方法可兹利用,比如,可以带他去职工食堂用餐,询问其感受和要求,也可以继续提其他问题。每个企业可以根据自己的实际情况改造、设计,最好能找到一种既适合于本企业,又经济有效的方法。

  无论如何改造,在实施放松法的时候,都要保证这样四个要则:第一,主考官的身份一定要保密或降低,尽可能以平等的身份与之交流;第二,企业内部人员态度要和蔼,声音要大,要充分调动气氛;第三,要预先安排企业的一些内部人员参加,以起到行为传染榜样的作用;第四,要求每个人都必须回答,以提出要求的多少作为判断一个人是否斤斤计较的标准。

第四节 防范和治疗的行为管理

  招聘时能将那些喜欢斤斤计较的人鉴别出来是再好不过的事情,但是很可能遇到漏网之鱼,也可能由于不良风气的影响,一些员工会变得自私自利。在这种情况下,我们就要对员工进行行为管理,其目的是使员工的行为指向组织目标。

  要想把员工的行为调整到组织目标上去,就要有效运用行为科

学、心理学的基本规律。任何个体都有一定的心理规律,我们必须探讨这些规律以了解为什么有的员工斤斤计较,而有的员工无私奉献。也就是说,决定这个人斤斤计较还是无私奉献的内在东西是什么。

人刚生下来时是以自我为中心的,随着社会化程度的加强,人逐渐发展出两个系统。一个是自我系统,是个人取向的自我满足的系统,即为了生存、交往、发展甚至实现自我价值而产生的动力系统;但是,人之所以为人还具有另一个系统,即超我系统,在这种情况下,人的行为是社会化的,就是以社会为价值的,实现社会理想,维护社会利益。我们把前者称为自我动力,后者称为超我动力。自我动力就是个体为获得一定的利益或机会满足纯自我需要而产生的动力,而超我动力就是个体为获得一定的利益或机会满足社会需要而产生的动力。

每个员工都有一个超我,都有一个超越个人利益之上直接社会化的动机。但是,为什么没有表现出来,是因为公司没有创造机会;或者虽然表现了出来,但超我的火花被熄灭了。这样员工只是围绕自己转,只会变得越来越自私。

如何改变这种情况?那就要求企业在建立制度的同时,一定要进行有效的行为管理或企业文化建设。行为管理的实质是员工的行为方向指向企业目标,使员工行为动力足够大。这种行为管理的目标,就是告诉大家什么时候该有内疚感。我们可采用以下 9 个指标对企业的行为管理效果进行评定:

(1) 企业是否有自己的理念或价值观?
(2) 员工对这些理念或价值观的接受程度如何?
(3) 企业的价值观是否有代表性人物?
(4) 这些人物在企业中能否做好?
(5) 这些价值观在企业中是否有典型的事例?
(6) 这些事例对企业员工是否有用?
(7) 企业是否有内聚力?

（8）员工的士气是否高？

（9）员工对企业是否忠心？

企业理念价值观通过宣讲，一部分员工接受下来，变成自觉的行为；一部分员工不接受，就把典型行为树立起来，有些人直接模仿，有些人通过典型人物理解理念；如果仍有一部分不理解，再以制度进行管理。

总之，对斤斤计较倾向的防范和治理，一定要从企业整个体系的设计着手，将制度管理体系和企业文化体系都包括进来，使自我和超我相结合，最终形成企业和员工的自我和超我共同刺激、共同鼓励的管理氛围。

发现敬业者
——鞠门学派敬业测试
第八章

8

第一节 员工敬业度管理

通用电气公司的总裁杰克·韦尔奇曾经说过:"任何一家想竞争取胜的公司必须设法使每个员工敬业。"对服务业来说,这格外重要,因为公司的几乎所有价值都由每个员工提供给顾客。然而,即使是纯粹的制造业,如果没有敬业的员工,也很难生产出高质量的产品。根据盖洛普公司的研究,员工的态度与公司基层的四个经营业绩指标相联系。这四个业绩指标是员工保留、生产效率、顾客满意度和利润率。事实上,敬业员工的增加与利润增长往往有十分直接的联系。图 8-1 是盖洛普公司独创的"盖洛普路径",它清楚地表明:敬业的员工驱动顾客忠实度,从而带来营业额的增长、利润的增长、股价的增长。

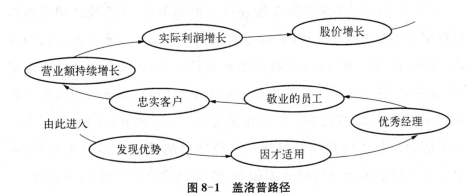

图 8-1　盖洛普路径

对一个公司来说,敬业的员工很重要;对个人来说,无论基本能力和思想成熟度如何,若无干劲、缺少积极向上的敬业精神,工作是不可能干好的。也就是说,劳动者的热情或态度是非常重要的。劳动者的热情或态度可以称之为"敬业",敬业应包括纪律性、协调性、主动性、积极性和奉献精神。用中国人的话来说就是员工的"主人翁"感,作为自己所在单位的一分子,产生的一种归属感。

那么,如何提高员工的敬业度呢?有人提出了如下3个观点:多付薪金或提供优厚的福利;提高员工的满意度;招聘敬业的员工。

(1)对于多付薪金或提供优厚的福利,这不是长期方案。短期内员工会为了薪金而努力加班完成任务,短期内员工的士气高涨。但是,当员工适应新增加的薪金后又会要求继续增加薪金或提高福利,假如员工的期望得不到满足,那么员工的敬业度有可能比最开始的水平还要低。这似乎和饮鸩止渴有着某些相似的地方。与之相印证的是国际上一家著名的管理咨询公司在中国做的很多案子也表明多付薪金或提供优厚的福利并不是提高员工敬业度的首要因素。提高员工敬业度第一重要的是员工的职业发展途径,第二重要的是员工与他直接上司的工作关系,第三重要的可能就是体现在薪酬福利板块中的内容。他们多次的调研并未表明薪酬是第一重要的。

(2)提高员工的满意度就能使员工更加敬业,从而使公司的蛋糕做得更大吗?答案是这样的,满意的员工不一定会带来敬业的行为方式。国内公司认为,对员工敬业度重要的一个影响点是要对员工很好、很体贴,这是在员工满意度这一层面上。但是,满意度与敬业度最大的不同在于,满意度不一定能够促使员工有一种非常敬业的行为方式来帮助企业达到其经营目标。满意度可能基于许多方面而产生:也许员工只是因为公司离住家很近,就会感觉这份工作比较满意;有的对公司所提供的食物,如免费的午餐,而让一个员工觉得满意;或者甚至只是员工的男、女朋友在同一家公司工作,也会让他(她)感到相对的满意或愉悦——但这些都不一定能带来敬业的行为。通常来说,满意的员工可能敬业,但是并不一定完全敬业,这只是一个必要条件,而非充分条件。

举个例子来说,当第一步的满意度调查结果出来以后,比如说生活质量分数是68.4%,员工的职业发展机会满意度分数是51.5%,工作环境为73.5%,人员关系为37.2%,薪酬福利为48.6%,内部规程为85.9%。在其他许多公司,这一步就是它项目的终结。人力资源部拿到这个结论,自然而然会找出满意度最低的部分,比如说,"人员关系"部分,然后是花费大量的力气把公司本来就有限的人力资本投入到"人员关系"的改善中去,从而提高员工满意度的水平。或许员工比以前满意了些,可是员工敬业度却没什么变化。因为对员工敬业度影响最大的并不是人员关系,我们要改善的是别的板块,比如说是员工的职业发展规划,尽管此项的满意度指数有51.5%,并不是最低的。

(3) 招聘敬业的员工则是从另一个角度提高员工整体的敬业度。前面两个方案都是从公司处于被动这个角度提高员工的敬业度,而这第三个方案则突破前两个方案中的思路,创新地提出这个公司处于主动的方案。鞠门学派研发小组开发的员工敬业倾向测试就是基于这样一个思路。不否认员工敬业与否公司的各种环境对提高员工敬业度的有作用,但是在管理工作中我们也会发现一些员工,无论公司采取什么措施他们总是不够敬业;相反,还有一些员工不论在哪里工作都很兢兢业业。所以,敬业这种倾向成了一种员工的特质,这样一种特质可以通过心理测量的方式得到评价。试想,两家公司其他的外在条件一样,一家公司的敬业倾向强的员工较多,另一家公司敬业倾向强的员工较少,那么,哪一家公司的员工敬业度更高呢,哪一家公司的营业额增加得更快呢?毋庸置疑,前一家公司的员工敬业度更高,前一家公司更加具有盈利的优势。于是,挑选敬业倾向强的员工进入公司就成了提高整个公司员工敬业度的一个有效方法。

至于提高员工敬业度的方法中员工的职业生涯规划和改善员工与他直接上司的工作关系这两个方法,很多的人力资源管理类的书籍中都有介绍,这里就不再阐述。下面主要以鞠门学派人才测评体系中

的敬业倾向测评为例讲述如何挑选敬业的员工,以及如何通过心理测试测量员工的敬业倾向。

第二节 鞠门学派人才测评体系之员工敬业倾向测试

一、敬业倾向测试的理论建构

人的任何行为都是外在环境和人这种个体相互作用的结果。敬业行为也不例外,所以要从环境和个性因素这两个方面进行测量。由于环境和人的相互作用,又产生了一个新的中间变量——价值观。确认了这三个方面以后,鞠门学派研发小组采用了如下的方法来建立理论。

(一)行为事件访谈法

行为事件访谈法(Behavioral Event Interview,BEI)是美国心理学家McClelland结合关键事件法和主题统觉测验而提出来的,它是一种开放式的行为回顾式调查技术,类似于绩效考核中的关键事件法(Critical Incident Method,CIM)。它要求被访谈者列出他们在平时工作中发生的关键事例,包括成功事件、不成功事件和负面事件各三项,并且让被访者详尽地描述整个事件的起因、过程、结果、时间、相关人物、涉及的范围以及影响层面等。同时,也要求被访者描述自己当时的想法或感想,例如是什么原因使被访者产生类似的想法以及被访者是如何去达成自己的目标等,在行为事件访谈结束时最好让被访谈者自己总结一下事件成功或不成功的原因。从而提取敬业者的特征模型。

行为事件访谈一般采用问卷和面谈相结合的方式。访谈者会有一个提问的提纲以此把握面谈的方向与节奏。并且,访谈者事先不知道访谈对象属于优秀组或一般组,避免造成先入为主的误差。访谈者在访谈时应尽量让访谈对象用自己的话详尽地描述他们成功或失败的工作经历,他们是如何做的、感想又如何等。由于访谈的时间较长,一般需要1—3小时,所以访谈者在征得被访者同意后应采用录音设备把内容记录下来,以便整理出详尽的、有统一格式的访谈报告。

行为事件访谈法的可信性和有效性也得到了研究结果的支持。受过训练的不同编码者采用最高分数和频次进行编码,其一致性介于74%—80%。

以这样科学的研究方法得到的维度或特征模型,其准确性是相当高的。

(二) 专家小组法

一般有两种类型的专家小组:研究型专家小组和实践型专家小组。

1. 研究型专家小组

鞠门学派研发小组集中了一些人力资源管理咨询的专家,就敬业的和不敬业的人、环境、价值观以及个性方面的区别发表各自的见解。通常讨论的环境是在草地上或户外其他使人比较放松的环境中,避免思路受到限制。鞠门学派研究小组的研究人员详细记录下了讨论中所有思想的火花,并从中提炼维度的设置。

2. 实践型专家小组

鞠门学派研发小组邀请15名左右来自各个行业的民营、外企和国企的人力资源部经理甚至总经理参加由鞠门学派研发小组出资和组织策划的冷餐会,会上大家彼此自由交流后,所有人集中对敬业行为这一主题进行深入的探讨。这个会议内容要全程录音、录像,将他们点状的经验凝练成系统的理论。

(三) 问卷调查法

鞍门学派研究小组把事先设计好的用来搜集维度设计的问卷发放到相关的企业中，充分消除他们的顾虑，完成调查。回收问卷进行计算机统计分析，提取维度。

通过以上方法，建立了测量敬业倾向的理论构架，如图8-2所示。

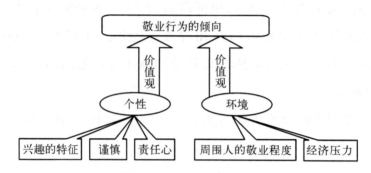

图8-2 敬业倾向理论构架

二、测验维度解释和测题举例

兴趣的特征主要指目前的工作与其本身的兴趣的吻合程度以及个体的兴趣的稳定性。一般来说，工作与其本身的兴趣吻合程度越高越敬业，兴趣越稳定越敬业，测题举例如下。

（选A计5分；选B计4分；选C计3分；选D计2分；选E计1分）

1. 家人对我来应聘这个职位不是很赞成。（　　）
   A. 非常不同意　　B. 比较不同意　　C. 不确定
   D. 比较同意　　　E. 非常同意

2. 别人把我和牛联系在一起时，让我觉得是说我笨。（　　）
   A. 非常不同意　　B. 比较不同意　　C. 不确定
   D. 比较同意　　　E. 非常同意

3. 长时间喜欢同一个东西是很枯燥的。（   ）

  A. 非常不同意　　B. 比较不同意　　C. 不确定

  D. 比较同意　　　E. 非常同意

谨慎是指全面周密地考虑各种情况，权衡其利弊得失，理智地作出决定，也就是个人办事细致、严谨的程度。一般来说，越谨慎越敬业，测题举例如下。

  （选 A 计 1 分；选 B 计 2 分；选 C 计 3 分；选 D 计 4 分；选 E 计 5 分）

1. 睡觉前总是要仔细检查门窗是否关好。（   ）

  A. 非常不同意　　B. 比较不同意　　C. 不确定

  D. 比较同意　　　E. 非常同意

2. 我会严格按照医生的嘱咐服用药品。（   ）

  A. 非常不同意　　B. 比较不同意　　C. 不确定

  D. 比较同意　　　E. 非常同意

3. 在别人刚拖完的地上走路我会小心翼翼。（   ）

  A. 非常不同意　　B. 比较不同意　　C. 不确定

  D. 比较同意　　　E. 非常同意

责任心是指工作中恪尽职守，主动考虑工作中的问题。一般来说，责任心越强越敬业。测题举例如下。

  （选 A 计 1 分；选 B 计 2 分；选 C 计 3 分；选 D 计 4 分；选 E 计 5 分）

1. 我算得上一个爱操心的人。（   ）

  A. 非常不同意　　B. 比较不同意　　C. 不确定

  D. 比较同意　　　　E. 非常同意

 2. 我想办法让父母和我们住得近一些。(　　)

  A. 非常不同意　　B. 比较不同意　　C. 不确定

  D. 比较同意　　　　E. 非常同意

 3. 好友相聚一般由我决定时间和地点。(　　)

  A. 非常不同意　　B. 比较不同意　　C. 不确定

  D. 比较同意　　　　E. 非常同意

  价值观包括个体的面子观,一种对荣誉的向往。一般来说,面子观越强越敬业。测题举例如下。

  (选A计1分;选B计2分;选C计3分;选D计4分;选E计5分)

 1. 我总会为以前没能做得更好而感到自责。(　　)

  A. 非常不同意　　B. 比较不同意　　C. 不确定

  D. 比较同意　　　　E. 非常同意

 2. 我觉得怨天怨地都没用,成败和自己有相当大的关联。(　　)

  A. 非常不同意　　B. 比较不同意　　C. 不确定

  D. 比较同意　　　　E. 非常同意

 3. 我身边的人很多都持做事要追求完美的处世哲学。(　　)

  A. 非常不同意　　B. 比较不同意　　C. 不确定

  D. 比较同意　　　　E. 非常同意

  周围人敬业状况指周围人的敬业状况及这些状况对受测者产生的影响。社会心理学的研究表明,处于群体中的个体由于群体规范性压力的存在会表现出遵从行为。换句话说,当群体中的大多数成员表现出某种行为时,为了与群体成员保持一致,个体会放弃原来的选择而对其他人的行为进行模仿。如果个体的生活环境中,敬业者的数量蔚为可观,就会影响个体的行为,使他认为如果自己不敬业就会脱离群体,受到他人的嘲笑和轻视等;反之,如果周围的人都不够敬业,个体也很可能迫于群体的压力而放弃敬业的行为,因为在这种情况下,个体的敬业可能被其他人认为是爱出风头、讨好领导的表现。测题举例如下。

(选 A 计 1 分;选 B 计 2 分;选 C 计 3 分;选 D 计 4 分;选 E 计 5 分)

1. 我身边有很多工作狂。(　　)
　　A. 非常不同意　　B. 比较不同意　　C. 不确定
　　D. 比较同意　　　E. 非常同意

2. 我的一帮朋友都认为事业非常重要。(　　)
　　A. 非常不同意　　B. 比较不同意　　C. 不确定
　　D. 比较同意　　　E. 非常同意

经济压力是指目前工作对其生活物质来源的影响情况。一般来说,经济压力越大越敬业。测题举例如下。

(选 A 计 1 分;选 B 计 2 分;选 C 计 3 分;选 D 计 4 分;选 E 计 5 分)

1. 失业带给我的压力很大。(　　)
　　A. 非常不同意　　B. 比较不同意　　C. 不确定
　　D. 比较同意　　　E. 非常同意

2. 我是家里生活费用的主要来源。(　　)
　　A. 非常不同意　　B. 比较不同意　　C. 不确定
　　D. 比较同意　　　E. 非常同意

三、敬业倾向测验的编制

收集测验项目的素材主要通过两条途径：第一是采用群体讨论的方式从现实生活中寻找测题的素材；第二是从有关文献上查找相关的素材并对其进行认真分析、比较、筛选或改造，确定可用的素材来编写测验项目。项目编写主要是采用分散编写、集中讨论的方式，然后每个项目经过群体讨论，删除那些表面效度过高、有社会称许性、偏离维度原意以及有违社会传统道德的项目。通过项目分析删除一些鉴别度低、和总分相关低于 0.10 的项目，提高整个测验对个体的敬业倾向的区分能力。

四、敬业倾向测验的标准化

信效度：测验选取员工的考核成绩为效标，对于效标的验证选取了服务业、制造业、科研机构中的三家公司，所得到的效标关联效度达到了 0.80 以上。信度也达到了 0.85 以上。

常模：人类的许多特征的分布呈正态分布或近似正态分布，随机地让应聘者作敬业倾向测试问卷。许多人的分数有高有低，总的来说，得分高的人和得分低的人较少，得中间分数的人较多，呈正态分布，本系统把这些人的分数分布作为衡量受测者的敬业倾向在人群中位置的尺度。这些人的分数分布就是测量学和心理学中所说的常模样本。

因为测验的原始分数的单位具有不等性和不确定性，测验的原始分数要转化为标准分数才有测量意义，把原始分转化为常模标准分数即百分比分数，就是将个人的原始分与常模样本进行比较，其原始分数在常模样本中所处的位置就是百分比分数，即个体的敬业倾向在社会整体人群中的位置。

常模分数比较客观，因为它建立了一个比较的标准或者叫"尺子",是一个统计的结果。

同时,依据常模的分布,如图8-3所示,把个体的敬业倾向分为很强、较强、一般、较弱、很弱五个等级。

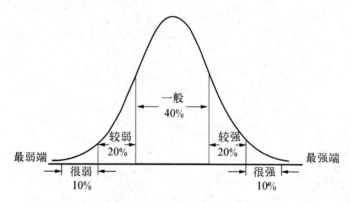

图8-3 个体敬业倾向分布

五、敬业倾向测试的特点

鞠门学派测评体系之敬业倾向测试有如下特点:

(1) 考查指标合理分布、常模数量巨大,具有普遍性。

(2) 完全中国本土化的心理测量,准确测试人的心理状态。

(3) 建立在西方最先进心理测量技术之上的原创性心理测试量表。

(4) 从人力资源管理理论出发的测量维度,设计巧妙,极具隐蔽性。

测试指南

第九章

就一个现代型组织而言,人力资源管理主要是指:在合理制定人力资源计划的基础上,运用相关手段和方法,实现组织岗位与员工的合理匹配,并通过一系列管理手段,充分调动员工的工作积极性,以保证组织目标的实现。

员工与岗位的合理匹配或人力资源的合理配置,说到底也就是人—岗的匹配问题,要真正能够做到这一点,前提是必须对人和岗位这两个方面的要素都进行全面而彻底的了解。在人力资源管理的理论与实践中,对于岗位的了解可以通过岗位分析这种方法,而对于人的把握则主要可以通过人才测评这种手段。尤其是招聘管理中,如何选择合适的应聘者做某一岗位,就要运用心理测评来实现。某一岗位的职责何在?这一岗位的任用资格是怎样的?这一岗位要运用何种心理测评工具来做评定呢?这就是我们下面所要解决的问题。

第一节 人—岗匹配测评流程图

人才测评要根据用人单位的不同性质与用人目标,准确选择和组织测评系统,对相关人员进行测评,测评的操作流程一般如图9-1所示。其实施过程需要注意的是,测评的流程中有些步骤可以交错进行,比如说第二批受测者在接受测评时,第一批受测者的测评结果已经可以先综合分析起来,组织实施和综合分析就可以分批交错进行。

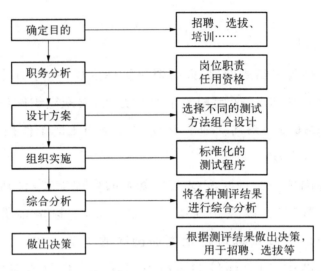

图 9-1 测评操作流程

第二节 职务分析

要进行人才测评,首先必须澄清测评目的。目的不同,测评指标就会不同,进一步会影响到测评工具的选择与测评报告的形成。要使测评指标与指标体系能有效地反映测评对象的个人特点和职务能力,就应当进行职务分析,在了解职务特征对任职者特定要求的基础上,根据职责特点确定测评要素和要素体系,并选择与之相匹配的测评工具。

工作分析又称职务分析,是人力资源管理中一项重要的常规性技术,可以说是整个人力资源管理工作的基础。工作分析是将企业中各项工作之任务、职责和责任与承担这份职务所应具备的基本条件等加以研究分析的过程。系统的工作分析必须依从 7 个 W 展开,通常被称为工作分析公式(job analysis formula),即:员工要做什么?(内容:what)员工为什么要做?(目的:why)在什么地方做?(工作岗位:where)员工如何做?(方法:how)用多少时间做?(工作时间:when)员工向谁负责?(为了谁:for whom)用什么样的员工来做?

(责任者所需知识、技能、能力：who)一般说来，职务分析所需获得的信息主要包括以下 7 个部分：

(1) 工作事项和工作方式；

(2) 与他人的交往活动；

(3) 工作标准；

(4) 所使用的机器设备；

(5) 工作条件；

(6) 该职务对于他人所负责任与他人对该职务所负责任；

(7) 所需知识、技能和能力，如受教育水平、工作经历、工作技能、个人能力、智力和体质等。

职务分析包含的内容很多，我们这里重点讨论岗位的职责。同时，需要说明的是，职务分析有其特殊性，同一职位对于不同公司又会有不同要求。下面所列出的职务分析是针对公司常见职位做出的，请根据你所在公司的具体情况参考选用。

一、行政经理(办公室主任)

(一) 一般岗位职责

(1) 对本部门进行管理和组织；

(2) 领导制订企业内部管理、行政后勤工作计划，实现工作目标；

(3) 协助经理对员工考核，负责员工考勤；

(4) 负责行政事务及后勤工作；

(5) 制订费用使用计划，并监督实施；

(6) 协助经理贯彻执行公司的各项制度、政策；

(7) 对合同进行管理。

(二) 测试指南

这包括诚信测试、敬业倾向测试、文字能力测试、管理能力测试、

主动承担责任倾向测试。

二、客户服务经理

（一）一般岗位职责

（1）参与公司销售策略的制订；

（2）积极配合销售部门开展工作；

（3）建立并维护公司售后服务体系；

（4）组织制订售后服务人员行为规范并督导其贯彻执行；

（5）建立售后服务信息管理系统（客户服务档案、质量跟踪及反馈）；

（6）考核直属下级并协助制订和实施绩效改善计划；

（7）受理客户投诉。

（二）测试指南

这包括诚信测试、敬业倾向测试、文字能力测试、管理能力测试、公关能力测试。

三、研发经理

（一）一般岗位职责

（1）参与公司产品开发策略的制订；

（2）负责从产品立项到开发的全过程；

（3）负责产品技术管理及技术协调，协助工艺编制及审核工作；

（4）对开发出来的新产品进行实验、跟踪并及时改进；

（5）跟进市场反馈情况，了解客户使用情况；

（6）负责技术情报工作，办理专利申请，做好保密工作。

（二）测试指南

这包括创新能力测试、诚信测试、敬业倾向测试、管理能力测试。

四、财务经理

(一)一般岗位职责

(1) 组织公司财务预算、决算;

(2) 组织公司成本核算;

(3) 组织公司财务分析,提供财务分析报告;

(4) 监督指导会计、出纳管理;

(5) 合理安排资金运用,保证满足经营活动的资金需求;

(6) 负责财务监督与管理工作;

(7) 内部组织管理工作;

(8) 完成总经理交待的其他任务。

(二)测试指南

这包括诚信测试、敬业倾向测试、管理能力测试、财务知识测试。

五、人力资源部经理

(一)一般岗位职责

(1) 制定人力资源战略规划,为重大人事决策提供建议与信息支持;

(2) 负责公司人力资源战略的执行;

(3) 全面负责人力资源管理的各项事务;

(4) 负责人力资源部内部的组织与管理;

(5) 负责其他人事事务;

(6) 完成总经理交待的其他任务。

(二)测试指南

这包括领导能力测试、诚信测试、离职倾向测试、敬业倾向测试。

六、总经理助理

（一）一般岗位职责

（1）协助总经理，参与经营管理与重大决策；

（2）定期向总经理汇报工作；

（3）负责总经理交待的其他任务。

（二）测试指南

这包括领导能力测试、诚信测试、敬业倾向测试。

七、生产部经理

（一）一般岗位职责

（1）组织编制与执行生产计划，完成生产任务；

（2）负责生产管理日常工作；

（3）参与公司全面质量管理制度体系的建设；

（4）内部组织管理工作。

（二）测试指南

这包括诚信测试、管理能力测试、主动承担责任倾向测试、敬业倾向测试。

八、采购部经理

（一）一般岗位职责

（1）制订采购计划，保证满足经营活动需要，降低库存成本；

（2）督促部门员工完成采购任务；

（3）负责采购内部的组织与管理；

（4）完成主管领导交待的其他任务。

(二) 测试指南

这包括谈判能力测试、诚信测试、管理能力测试。

九、质量管理部经理

(一) 一般岗位职责

(1) 组织制定公司内部质量管理规划,并监督落实;

(2) 组织建立和完善公司质量管理体系;

(3) 公司内部质量检查;

(4) 部门内部的管理;

(5) 完成主管领导交待的其他任务。

(二) 测试指南

这包括诚信测试、管理能力测试、主动承担责任倾向测试。

十、销售经理(营销经理)

(一) 一般岗位职责

(1) 协助总经理制定销售战略规划,为重大销售决策提供建议和信息支持;

(2) 促进产品改进和新产品开发;

(3) 领导部门员工完成市场推广、销售、服务、货款回收等工作;

(4) 负责销售部内部的组织管理工作;

(5) 组织制订长中期市场销售策略;

(6) 对直接下属进行考核,并督导下属制订并执行绩效改善计划;

(7) 参与市场营运费用预算;

(8) 组织制订部门营运管理制度及程序;

(9) 年度销售目标和计划的制订、分配。

（二）测试指南

这包括管理能力测试、销售潜能测试、销售管理经验测试、敬业倾向测试、离职倾向测试。

十一、销售人员（业务员）

（一）一般岗位职责

（1）制订本区域内的市场开拓计划并实施；

（2）完成公司订立的销售目标，并积极回收货款；

（3）反馈本区域内的市场信息及客户需求；

（4）按时、按量、按质提交相应业务表格；

（5）跟踪客户订单的具体落实；

（6）制订本区域内客户拜访计划并实施。

（二）测试指南

这包括销售潜能测试、敬业倾向测试、公关能力测试、离职倾向测试。

十二、售后服务人员（生产型）

（一）一般岗位职责

（1）产品安装调试，培训操作者及客户的维修技术人员，严格执行售后服务的规章制度；

（2）对保修期的产品进行维修；

（3）对过保修期的产品进行有偿维修；

（4）及时准确将产品质量问题、市场信息反馈给公司；

（5）解答客户的有关技术方面的问题；

（6）为顾客提供技术升级服务；

（7）对客户进行定期拜访，了解产品使用情况及客户需求信息、市场信息；

（8）协助业务人员进行货款回收。

（二）测试指南

这包括诚信测试、敬业倾向测试、公关能力测试。

下篇　理论进阶篇

人才测评的历史和现状

第十章

人才测评学是一门既古老又年轻的科学。说它古老,是因为早在尧舜时代,人才测评的思想和火花就已经闪现;说它年轻,是因为自20世纪初开始,科学的人才测评理论才开始形成和发展。

第一节 我国古代人才测评思想

我国古代的人才测评思想最早可追溯到尧舜时代。那时的帝王决定继承者时就已萌生了让贤求贤的思想火花。公元前11世纪时,西周王用"试射"来选拔人才,测评的项目包括其行为是否合乎礼仪、动作是否合乎乐律、射箭的准确率等。这是我国人才测评的雏形。

在两千多年前的春秋时期,伟大的教育家孔子根据自己的观察,提出"惟上智与下愚不移","中人以上,可以语上也;中人以下,不可语上也"。虽然语焉不详,但是也可推知孔子是根据某种法则将人的智力分为上、中、下三个类别,而后把属于某个类别的个体也枚举其中。孟子则直接认为心与物是可测量的:"权,然后知轻重;度,然后知长短。物皆然,心为甚。"

汉代至魏晋,在人才的选求上盛行推荐制。自隋炀帝创立科举制度开始,从隋唐至清末的1 300多年的时间里推行的科举考试,是世界上规模最为宏大的人才测评的实践。

在长期的用人实践中,古代的先哲们对当时的人才测评作了丰富多彩的记述,提炼并阐述了许多值得后人借鉴研究的宝贵思想。遗憾的是,古代人才测评的论述散见于经史子集,而未见系统的阐述。直至三国时,魏人刘劭的《人物志》才对人才测评作了较为系统完整的论述,是古代人才测评思想集大成之作,被认为是中国心理学的经典。

中国古代积累了丰富的人才测评思想,严格来说,这些思想由于社会历史条件、经济发展水平和文化心理的局限,决定了它是零散的、经验性的且是以定性测评为主的。

第二节 我国现代人才测评的发展

在中国,现代意义上的人才测评运动开始于20世纪二三十年代。1920年,廖世承和陈鹤琴在南京高师开设测验课程,并以心理测验测量学生,从而标志着我国正式开始使用科学心理测验。但是,这时心理测验主要应用于教育领域。后来由于抗日战争而几近中断。新中国成立后由于种种原因,心理学有很长一段时间被视为"伪科学",人才测评与心理测验更是无人敢于问津的领域。所以,从1949—1979年,我国在人才测评技术的发展基本处于停滞状态。

自20世纪80年代开始,人才测评运动又开始蓬勃兴起。著名的心理学家张厚粲先生将这段历史划分为三个阶段:复苏阶段、初步应用阶段、繁荣发展阶段。

一、复苏阶段(1980—1988年)

这一阶段从恢复心理测验开始。首先消化、吸收国外先进的测验技术和做法。就智力测验来说,1982年,吴天敏修订出版《中国比奈测验》。林传鼎、张厚粲等修订了韦氏儿童智力量表。在人格测验方面,宋维真等修订了明尼苏达多相人格问卷,陈仲庚、龚耀先等分别修订了艾森克人格问卷。不过,这个时期心理测验的应用仍旧主要局限于教育领域,在社会经济领域的运用很少。总体来说,这个时期人才测评的发展还处在萌芽时期,人才测评的运用很少,影响也很小。

二、初步应用阶段(1989—1992年)

这一阶段的显著特点是国家公务员录用考试制度开始建立。从

此以后,所有想进入公务员行列的人必须经过客观化考试,这标志着国家机关用人制度开始应用现代人才测评技术。至1992年底,全国29个省,国务院3个部门都不同程度地采用了人才测评方法补充人员,取得了良好效果。这使得人才测评在社会上引起人们的广泛关注。与此同时,我国在高级官员的任用中也开始借用人才测评技术。北京、上海、四川、湖南等许多省市都开始用现代人才测评技术来选拔厅局级领导,测评手段包括纸笔测验、结构化面试、文件筐测验、情景模拟等。由于这种选拔方式比较客观公正,深受社会各界的欢迎和称颂。

三、繁荣发展阶段(1993年至今)

近几年来,各地都普遍建立了人才市场。这使得各类用人机构都有了相对灵活的用人自主权,个人也有了更多的择业自由和机会。人才交流的日益普遍促进了现代人才测评技术的更快发展。越来越多的人认识到:要客观准确地反映人才的价值,必须借助于人才测评技术。与此相应,随着人才测评的应用需求不断扩大,新的人才测评手段不断发展,从事人才测评研究和服务的机构也不断增多。

虽然古代中国开启了人才测评的先河,但是由于历史的原因,我国近代人才测评的发展却远远落后于西方国家。

第三节　西方人才测评的历史发展

西方人才测评的历史应该从利马窦1582年来我国时开始算起。自此以后,我国的文官制度逐渐传入欧洲,并受到启蒙思想家伏尔泰的推崇。1791年,法国资产阶级在夺取政权后参照我国科举制建立了自己的文官考试制度。随后,英美两国也相继建立。它们为受官任职制定了准绳,打破了门第或名人推荐的限制,扩大了资产阶级进入政府的通道。

西方的学校考试制度是从古代波兰大学1219年的法学考试实行口试开始的。1599年,耶稣会颁布了笔试条例,但只是在中学实行。1787年普鲁士毕业考试是论文式的作业考试。这是18世纪西欧的考试状况。到19世纪,欧美先进的资本主义国家逐步建立了学校考试制度,并把考试同升学、就业、奖学金等联系了起来。

到19世纪后期,这些国家由于小学的全面普及以及普通中学和职业中学的逐渐普及,从而面临着选择最合适的人接受更多教育的问题。另外,由于工业生产的发展,分工日益精细,也就有选择最合适的人去接受最合适的职业训练、选择熟练工人的问题。要解决上述两方面的问题,显然是文官考试制度和学校考试制度所无法胜任的。因而,按照人的智力高低作为选拔人才的标准就提到了心理学家的议事日程上。

西方发达国家于19世纪末期,根据实践需要,最早在教育和医疗两个方面对测量个体差异的手段和测评技术开展了研究,并且在智力落后者的鉴别和精神病人的诊断方面取得了很大成绩。智力落后是指智能发展方面有明显的缺陷,对这样的儿童需要鉴别出来进行单独教育或训练。精神病人是指心理素质方面的异常,需要诊断出来加以特别看待和治疗。在这样的背景下,更多的学者转向个别差异的研究,致力于通过不同的途径,采取不同的方法开发鉴别和测量的手段与工具。1905年,法国心理学家比奈(Binet)把智力看作人的一种高级复杂的心理活动,并采取通过观察多种简单的行为活动以检测构成智力的各个因素,从而了解一个人的智力水平时,才成功地出现了世界上第一个智力测验——比奈-西蒙量表。从此以后,心理测验被公认为测量个别差异的有效工具,西方的人才评价领域也从此更加蓬勃地开展起来了。

随着第一个心理测验的产生,人们更加努力地编制和运用心理测

验。刚开始,心理测验还主要用于教育和临床诊断领域。随着第一次世界大战的爆发,其应用范围空前扩大。1917年,美国宣告参战,许多心理学家参军并开始为战争服务。他们认为,选拔和分派官兵的任务必须考虑到他们的不同智力水平。但军队有一百多万人,要实现这一想法,只能采取大规模的团体施测法,为此心理学家们编制出了陆军甲种测验。不久他们就发现士兵的文化水平不同会影响到测验效果,于是又出现了非文字的陆军乙种测验。这样从1917年3月至1919年1月间,共有200多万名官兵参加了测试,并取得了令人满意的成效。

一战后不久,用于测量官兵一般智力的陆军甲种测验和陆军乙种测验被迅速应用于美国社会,心理测验由此名声大震。这样,在20世纪20年代,心理测验运动出现了狂热的势头,为各个阶层、种种人群设计的智力测验不断出现。同时,根据工业部门的人才选拔和安置工作需要以及职业咨询兴起,心理学家又开始编制各种职业能力倾向测验,主要包括音乐、文书、机械和艺术等方面的特殊能力倾向测验。在把职业选择与个人特点相结合方面,美国学者斯特朗(Strong,E.K.)作出了重要成绩,他于1927年编制出版的世界上第一职业兴趣测验《斯特朗男性职业兴趣量表》至今仍受到重视。

到了20世纪四五十年代,心理测量学家们开始在实践中评价求职者的"岗位适合度",也就是说,人们从此开始越来越重视人职匹配。通常为了达到这个目标,心理学家需要事先对求职者进行一次简单的诊断面谈,然后进行一系列纸笔测验,通常包括能力倾向测验、投射性测验。60年代以后,评价中心技术进一步发展并在许多大公司开始应用,使得测评对象不仅仅是以普通员工为主,而且扩展到中高层管理人员。由于评价中心技术综合运用了测验、面试和情景模拟技术,使测评效果比原来更加可靠和有效。有研究表明,用评价中心选拔出来的经理,工作出色的人数比用一般标准选拔出来的经理中的出色者多50％。在评价中心获得较高评价的人比获得较低评价的人更容易得到晋升。就以美国电报电话公司为例,他们在对一批经理候选人进行评价后,把结果保留了下来,8年后,把结果与实际情况进行核对,发现以前预测会升迁的候选人中已经有近64％的人被提升为中层主管,以前预测不晋升的候选人中,只有32％的人上升为中层主管。由于评价中心的有效性较高,目前此技术已成为西方评价各层管理人员的主要技术工具。

近几十年来,随着测评工作更加专业化,西方出现了许多专门提供人才测评服务的公司,他们把人才测评技术应用于人力资源开发的各个领域。现在无论政府机关选拔公务员,还是企业录用新员工,抑或个人进行职业生涯设计均要实施严格的测评。据美国人力资源协会有关资料报道,发达国家有50％的企业通过人才测评选拔应聘者。

第四节 国外人才测评的现状

人才测评就是通过一系列建立在心理学、行为科学、教育学、管理学、数学、计算机科学等基础理论上的科学手段和方法,对测评对象的基本素质、绩效状况进行测量和评定的过程。目前西方国家已经普遍应用现代人才测评技术,在美国有二分之一以上的公司在招聘时都通过人才测评了解求职者。施乐公司曾对500名销售人员和经理进行测试,花费34万美元;美国AT&T公司1998年投资3.3亿美元咨询费,重要的工作之一就是人才测评。目前各国都在运用人才测评,只是各国的人才测评技术不尽相同,各有其特点。

一、人才测评的功能

从人才测评的功能这个角度来看,有能力型和开发型之分。人才的核心即劳动者的素质结构、智力结构、能力结构和绩效结构诸要素

的有机组合及其相互作用的表现。

美国以能力型为代表。能力型即根据工作人员的成绩记录以及可见事实,做正确公平的测量。它的优点是:注重对解决问题实际能力和专业能力的测评,有利于提高效率;有较为具体和客观的测评标准,便于执行;测评同提拔晋升、提高薪水紧密联系,能起到激励职工的作用。但是,能力型的测评观念太注重现实能力,会使一部分人的潜力得不到发挥。

开发型的评定制以日本为代表。开发型的评定制有其可取的优点:能刺激职工学习与工作的积极性,充分利用和开发人力资源;提高工作效率和组织的竞争力;评定制与培训制紧密结合,使职工容易接受。当然,这种评定也不可避免地受到主观因素的影响。

二、人才测评的标准

从测评标准或测评要素这个角度来看,虽然各国都越来越趋向"T"形人才,但仍存在较大的差别。

英国是强调通才型的国家。他们的人事考核一直注重文化知识和一般能力,而不注重工作经验和特殊能力,这种测评标准重视文化知识的作用,但轻视专业能力的作用,有其局限性。通才型测评制在第一次世界大战、第二次世界大战中受到两次冲击,促使政府进行改革。如1945年,文官委员会研究出一项专门测评处事能力、领导能力和适应能力的测验,能够发现一般笔试无法测量的实际能力。于是,开始用笔试、口试等多种测评手段结合起来挑选人才,取得了成功。

德国以专家型作为测评标准。他们在初创考绩制时,就以特殊经验与应付能力作为重要考核指标,即使大学毕业从事某职,也要通过试用考核其实际工作能力是否合格,才予以正式采用。至今德国仍注重专长和实际能力的测评,实行专家行政。当然,他们也认识到专家型测评要素的缺点,开始吸取英国注重测量各类人员的文化知识和一般能力的长处，注重人才通才力的测评。

三、人才测评的方式

从人才测评方式这个角度上来看，主要有集中型和综合型两种方式。

集中型，是完全由上级或以上级为主进行测评的方式。德国的公务员绩效主要由上级进行测评，他们认为多种测评方式，不如以负责官员的直接考察更为可靠。主管人员的平时观察与印象、对公务员工作数量和质量、品质等记录等，都是测评的重要依据。这种集权的评价方式，扩大了负责人员的主观偏见与感情色彩，是弊多利少的。英、法的公务员考核则采取半公开方式，虽也由上级进行但允许本人对失实之处提出申诉。美国与日本的公务员考核则先与本人谈话，然后再作评定，评定结果都与本人见面并允许申辩。

综合型，是由上级、本人和同事共同完成的测评方式。苏联科技人员鉴定就是比较典型的综合型。首先由本人作自我鉴定，然后由所在部门进行集体讨论，形成评价意见，再报上级领导和鉴定委员会作出综合鉴定。

第五节 我国人才测评的现状

我国在十几年前也开始出现应用人才测评技术选拔人才的情况。从最近几年的使用情况来看，人才测评受到了越来越多的用人单位和求职者的欢迎。在上海，多家大中型企业、三资企业以及银行等单位，运用人才测评手段来选中高级管理人才；在北京，市组织部、人事局已连续两年在面向社会招考50多名局级干部中采用了人才测评工作；在深圳，华为集团聘请心理学研究生专门负责人才测评工作；在全国，1995年以来国家人事部（人社部）有关单位先后举办多次人力素质测

评学习班。在全国人才流动中心，最近几年连续举办的"全国地市人才中心主任培训班"上，专题讲解人才素质测评理论。人才测评近年来也被越来越多的领导所认识，不少城市公务员考试中都采用人才测评技术。

到今天为止，北京、上海、福建、江西、深圳等省市已经把人才测评作为公务员考试的一部分了。这说明人们已经意识到了人才测评量化考核人员的重要性和科学性。虽然已经认识到重要性，但是由于起步晚，发展的时间短，难免存在各种各样的问题。存在的问题如下。

一、过于重视才，对德不够重视

据学者们对近几年测评和面试评价目标统计分析发现，在65种常用面试的目标中，共有26个因素出现频率比较高，其中最高的有7个，它们是语言表达能力、应变能力、综合与分析能力、业务知识与操作技能、举止、逻辑思维能力、知识面。其中，能力和知识标准占大部分。这表明，我国目前的评价观和期望标准注重人的能力和知识结构，即过于注重人的"IQ"。

人的成就欲、责任感、敬业精神、合作与协调能力、价值观与人生观、信念等，都具有很强的社会性特点，并在人的社会化过程中形成并稳定下来，是人才选拔和录用过程中应该认真研究的课题。例如，日本在公务员选拔中，首先注重人的品格，即人品；其次是知识和能力。其公务员面试的具体选拔标准是健康、开朗、积极、协调能力、责任感、创造性、执行能力、国际性、爱国家、敬业精神，其中情商占了10项中的5项。并且认为，一个人的敬业精神、责任感、协调能力是他日后发展的源动力和基础。日本与中国同属儒家文化气氛浓郁的国家，所以中国化的人才测评就是要重"德"，因此鞠门学派人才测评体系就特别加入了诚信、敬业等"德"的测评。

二、目前我国完备的人才测评理论体系太少

长期以来,人才测评理论依赖于对国外理论的借鉴甚至照搬。国外理论的应用促进了我国人才测评事业的发展,但由于较大的文化差异,也带来了一些问题。中华民族有着自己的特点,我国的管理体制与他国迥异,一味照搬国外理论并不能解决自己的问题。

建立适合中国国情的、独立的人才测评理论体系,是我国人才测评工作肩负的神圣历史使命,是一项利在当前、功在千秋的宏伟工程。从世界范围看,建立完善的人才测评理论体系是当今人才测评事业发展的一个趋势。瞄准世界人才测评技术前沿,集中力量加强理论研究,才能使我国的人才测评事业在科学理论指导下不断向成熟发展,才能满足我国飞速发展的人力资源管理对新技术的需要。鞠门学派人才测评体系的研究就是建立在科学的理论基础上开发出来的,特别注意考虑中国特殊的文化。这个体系尤其适合中国人。

三、人才测评数据分析水平有待提高

人才测评数据主要是指通过调查、测验等方法获得的结果,分数则是这些结果的数量化的主要表现。随着社会的进步,对人才测评的科学性、公正性提出的要求越来越高,从而对数据的研究也越来越深入。如何科学地分析、准确地处理人才测评数据,是当前国内外人才测评领域的重要课题之一。以下两个工具为测评奠定了数据处理的科学的理论基础。

(一) 项目反应理论的崛起为数据分析提供了新工具

20世纪70—80年代,在测量理论中最显著的进步是项目反应理论的应用,它是继经典测量理论之后的一个重要的测量里程碑。项目

反应理论之所以优于经典测量理论,在于它克服了后者分析数据对"考分＝能力"的局限,而将能力看作一个潜在的变量,又将项目的难度、区分度等重要参数看作项目本身的固有特性,独立于被试团体。目前该理论主要应用于客观性考试、试题库的建立、不同团体被试在不同测验中能力反应的等值化、跨文化比较等多种测量领域。在发达国家的人才测评数据分析中,项目反应理论已经成为一种常规的分析工具。

（二）多元分析的广泛应用

在人才测评的数据分析中,多元分析一直扮演着重要的角色。第一代多元分析方法有标准相关分析、冗长性分析。另外,还有路径分析、协方差构造分析、多维标度法、离散数据的数量化理论等。

但是,我国人才测评在数据分析和处理时没有严格的控制和监督机制,完全凭测评开发人员的"良心"决定数据分析的水平。针对这一点,鞠门学派测评体系加入了独有的质量控制体系,保证了数据分析的正确性。人才测评专业人员不仅要具备丰富的人事测量知识,而且还应懂得如何应用计算机和统计学的方法分析数据和解释数据。如果因为我们知识的贫乏而得出错误的结果,或作出错误的解释,或设计出缺乏科学性的工具,其后果必然影响人才测评的社会声誉,影响人才测评事业的持续发展。

一门科学的真正魅力在于它的社会价值,而人才测评的社会实践性将这种魅力表现得淋漓尽致。当今社会的高速发展,对人才的需求越来越迫切,对人才质量的需求越来越严格,相应地,对我们选择对策的精确性要求亦越来越高。从事人才测评理论与实践的工作者应从更高的角度去把握人才测评的脉搏,从更深的层次发掘人才测评的底蕴,正视现实,不断地改进和突破已有的人才测评方法,不断地探索人才测评理论的新领域,使人才测评事业适应经济和社会发展的需要。

在一批有志于发展和完善中国人才测评事业的有识之士和专家、学者的共同努力下,相信我国的人才测评事业将会在短时间内走出国门,步入充满希望的坦途。

心理测量原理

第十一章

第一节 项 目 分 析

每一个测验都由一个个的项目组成,项目的特性或者说质量就决定了整个测验的信度和效度。我们可以按照其内容和形式对项目进行定性分析,也能够按照其统计属性进行定量分析。定性分析是对项目编写提出的一般原则,针对题目的内容、形式和取材的恰当性方面进行分析,包括讨论其内容效度,按照编写项目的有效程序来评价项目。定量分析则指通过题目预测结果进行统计分析,包括项目的难度和项目鉴别力的测量以及被试对各种答案的反应情况。定性分析多依靠分析者的理论基础和在心理学上的悟性,一般以讨论的形式进行,这里不作具体的论述,以下重点介绍定量分析的过程。

通过项目分析,能选择、替代或修改项目,能够改进测验。项目分析有可能缩短测验,同时又提高测验的信度和效度。

一、难度

难度是题目难易的指标,在认知测验中有难度,在人格测验中相应的特征被称作通俗度或流行性。

(一)难度的计算

(1)对于大多数测验,测验的难度被定义为答对项目人数的比例,此时难度分析的公式如下所示:

$$P = R/n$$

其中,R 为答对人数,n 为总人数。

用 P 值表示难度,P 值越大难度越小,P 值越小难度越大,它介

于 0—1 或 0%—100%，但 P 值不是等距的，因而很难指出不同 P 值之间差异的大小。

（2）当题目以多值计分时，难度的分析公式如下所示：

$$P = 受测者平均分 / 满分$$

当项目的难度受机遇的影响需要校正时，校正公式如下所示：

$$校正后难度系数 CP = (KP - 1)/(K - 1)$$

其中，K 为选项数，P 为通过率。

以四选一的单项选择为例：一道题目的通过率为 0.25，那么它校正后的难度为 0。因为假如没有人知道如何作答，所有人都瞎蒙，也会有 25% 的人答对。其实，这道题目的难度很高，难度系数为 0。

（二）难度的讨论

实际操作时，如果测验是为了区别不同的人，一般只需使项目的平均难度接近 0.50，而各个项目的难度在 0.50 ± 0.20 之间变化。如果测验是用于选拔或诊断，则最好多选一些难度与录取线接近的项目。在项目选择上还有一个要注意的问题是：当项目形式是选择题时，要考虑到让 P 值大于概率水平，否则项目是无效的。一般速度测验不作难度讨论。

当整个测验难度较高时，人群在测验上的得分的分布为正偏态；整个测验难度较低时，人群在测验上的得分的分布为负偏态。

二、项目鉴别力（区分度）

鉴别力是项目在测验所要测量的心理特性上，将高水平者和低水平者区分开来的能力。区分度被称为测试是否有效的指示器，它是评价试题质量和筛选试题的主要指标和依据。

鉴别力分析的设想基础：如果单个项目与测验测的是同一特性，那么我们可以预期在测验上得高分的人正确回答这一问题的概率高，而在测验上得低分的人正确回答这一问题的概率低。鉴别力分析就是在这一设想的基础上进行的。

鉴别力的计算

鉴别力分析的一般方法包括：鉴别力指数、项目—总分相关、项目间的相关。

（1）鉴别力指数是运用极端组计算项目鉴别力的一种简单方法，其公式为：$D = P_H - P_L$，即高分组在项目上的通过率减去低分组在项目上的通过率。以前通用的方法是取前 27% 为高分组，后 27% 为低分组。现在有了计算机的参与，可以取前 50% 为高分组，后 50% 为低分组，这样可以全面利用已有的数据。

表 11-1 是鉴别力指数的一般评价标准。对于一般测验，$D > 0.30$ 项目就可以接受了。

表 11-1 鉴别力指数评价标准

鉴别指数（D）	试 题 评 价
0.40 以上	非常优秀
0.30—0.39	良好，如能改进更好
0.20—0.29	尚可，用时须作改进
0.19 以下	劣，必须淘汰或改进以提高区分度

（2）项目—总分相关：被试在项目上的得分与其总测验得分简单相关。据我们的经验值，项目与总分相关 0.1 以上就可以接受。

（3）项目间的相关：其中的一个变量是项目的得分，另一个变量是总分减去项目得分所得到数值。当同时分析的项目很多时，这个指数算起来非常麻烦。

三、难度水平与鉴别力

难度水平直接限制了一个项目的鉴别力。如果当 P 值接近 0.50，项目最可能具有高的鉴别力。但是，P 值接近 0.50 并不能保证项目有高的鉴别力，只能说在统计上已经没有限制了。

一般讲，难度为 0.50 时，其区分度最好。难度水平与鉴别力的对应关系见表 11-2。

表 11-2 难度水平与鉴别力的关系

项目通过率	D 的最大值
1.00	0
0.90	0.20
0.70	0.60
0.50	1.00
0.30	0.60
0.10	0.20

一般来说，项目间总有一定的相关，所以各个项目的难度分布广、梯级多，平均难度为 0.5 时，项目难度呈正态分布时，鉴别力最高。

四、项目分析的理论基础：项目反应理论

1952 年美国测量专家洛德在他的博士论文中首次提出了项目反应模型，即双参数正态卵形模型，并提出了与此相关的参数估计方法，成为项目反应理论诞生的标志。这一理论的基本思想是：假设被试对于测验的反应是受某种心理特质的支配，那么首先就要对这种特质进行界定，然后估计出该被试这种特质的分数，并根据该分数的高低来预测和揭示被试对于项目或测验的反应。其基本思路是建立合适的数学模型并对模型中的各个参数进行估计。

(一) 项目反应理论的基本假设

(1) 潜在特质的单维性。单维性是指测验测量的是单一特质而非多元特质,即被试对测验中任一项目的反应是其单一特质 θ 的函数。项目反应理论假设潜在特质是单维的,也即组成某个测验的所有项目都是测量同一个心理变量的。

(2) 局部独立性。这是指被试对测验中任何一个项目的反应都只受其能力水平的影响而独立于对其他项目的反应,也就是说,能力水平为 θ 的被试对第 I 个项目的正确反应概率除受其能力水平的影响外,不再受它在其他任何项目上的正确反应概率的影响。

(3) 项目特性曲线是项目特征函数或项目反应函数的图像形式,这是对项目特征函数的具体形式所作的一种特定的假设,称之为项目反应理论模型。运用图像直观地显示了随着测验者某种心理特征水平的变化,正确回答某个项目的概率是如何变化的。项目特征曲线(Item Characteristic Curve,ICC)是现代心理测量学最有影响的理论之一——项目反应理论或称潜特征理论的基础。ICC 归纳了项目分析的信息,显示了心理能力水平与项目反应之间的关系。当项目—总体相关为正时,ICC 的斜率也是正的;当相关接近 0 时,ICC 斜率也接近于 0;当相关为负时,ICC 斜率为负。

(二) 项目反应模型

(1) 二级评分项目反应模型,适用于对测验项目采用二级评分的测验。主要有最优量表模型、潜在距离模型、潜在线性模型、正态卵形模型和逻辑斯蒂模型。

(2) 多级评分项目反应模型,用于对测验项目采用多级评分的测验,包括称名模型、等级模型。

(3) 连续性项目反应模型,用于测验项目的评分为连续变量的测验。

第二节 信 度

一、信度的概念

心理测验一般是对人的行为的测量。人的行为会由于各种各样的原因(因时、因地、因事)发生变化。人们在测验时的行为反应在很大程度上受当时情境的影响,这样测验情景与现实情景的差异,可能引起测验结果与个体的真实情况出现偏差,从而使测验的可靠性受到影响。就如同用一把尺子去量布,第一次的数值是一丈,第二次是九尺。这根尺子还有什么用呢?心理测量也是如此,如果用一种智力测验去测量一个人的智力,第一次测得的智商是80,第二次测得的是100,就无法肯定这个人的智商到底是多少,也即这个测验不可信,因而这个测验没有用。我们用信度这个指标来衡量一个心理测验的可靠性如何,它表现为测验结果的一致性、再现性和稳定性。

任何心理测验都包含着一定的测定误差,难免有不正确之处。因此,信度是一个程度上或多或少的问题,而并不是绝对的有或无,没有一个测验是绝对可靠的,只是其误差有大小之别而已。

测验中常见的误差有两类:一类是系统误差,它是由与测验目的无关的因子所引起的一种恒定的、系统的变化,如研究者的偏见、测验手续不当等都会产生系统误差。另一类是随机误差,是由原因不明的一些因素造成的,如受测者的态度、情绪等。系统误差的差误是集中的、向着一个方向分布的,在数量上的表现是恒常的;随机误差则是由于种种随机原因造成的,很难加以控制,差误散布在各个方向,数量也是随机分布,忽大忽小。绝大多数的测量误差是随机误差,这是由于系统误差是很容易被发现的,一旦发现了就可以去除掉,从这个角度观察信度问题就比较清楚了:我们得到的测量分数实际上是由两部分合成的：一部分是"真分数"，即受测者的真实分数，是纯正的、没有误差的值；另一部分是由测量误差造成的"误差分数"。这两个分数的和即为测量得出的"总分"，用公式表示为：

$$X_t = X_\infty + X_e$$

真分数 X_∞ 是指在没有随机误差时所得到的纯正值，误差 X_e 是指测验的随机误差。当讨论一组测验分数的特性时，我们可以使用方差来代表具体分数，得到如下的等式：

$$S_t^2 = S_\infty^2 + S_e^2$$

式中，S_t^2 是测验的总方差即实得分数方差，S_∞^2 是测验的真分数方差，S_e^2 是测验误差的方差。从上式中，我们可以看出：测验总方差是由真分数方差与误差方差两部分组成，当 S_t^2 固定不变的时候，S_∞^2 越大，S_e^2 则越小；反之亦然。所以，在测量中，测量误差的变异量越大，则测量的信度越低；反之则信度越高。我们可以给出等价的定义：由一种测量工具得出的数据的"真分数"的变异量与"总分"变异量的比率即为该测量的信度系数。用公式表示为：

$$r_u = \frac{S_\infty^2}{S_t^2}$$

式中，r_u 为信度。由于真分数无法直接求得，因此这个公式只具有理论上的意义。我们只能根据一组实得分数对它作估计。

二、信度的类型

信度作为测验一致性的指标，是一个理论上构造的概念，在实际使用时，可根据测验分数的误差来源，从不同角度估计信度的大小。常用的信度有重测信度、复本信度、同质信度和评分者信度。

（一）重测信度

重测信度也叫稳定系数，是估计测验跨时间一致性的指标。它是用同一种测验，对同一组被试先后施测两次，然后根据被试两次测验分数计算其相关系数，该相关系数即为重测信度。重测信度反映测验结果是否随时间推移而变化，是测验稳定性的证据。测验的稳定性是测验质量的一个重要指标，稳定性差的测验，因测验结果随时间变化，所以实际应用价值较低。

重测信度易受两次测验间隔时间长短和间隔期间被试活动的影响，故初测与重测的间隔时间应适当，间隔期间被试的活动应控制。在报告重测信度时，也应说明间隔时间以及在此间隔期间内被试的有关活动。表11-3是重测时间间隔对信度系数的影响。

表11-3 重测法的信度系数

再测验的时间	信度系数(r)
同日或次日	0.90—0.85
1年	0.85
2—2.5年	0.80
5年	0.75—0.80
9年	0.78

（二）复本信度

复本信度也叫等值系数，是估计测验跨形式的一致性指标。它是指用同一测验的两个版本（如 A 和 B）对同一组被试施测后，计算两个版本的相关系数。复本信度是衡量测验不同版本的等值程度的指标。复本信度高，则表示被试无论用 A 版本还是用 B 版本，测验分数基本相同，A 版本和 B 版本可以相互替代；复本信度低，则表明被试做 A 版本和 B 版本，测验分数不一样，这两个版本的测验不能相互替代。

为了提高复本信度,测验的两种版本在题目的内容、数量、形式、难度、区分度、指导语、时限等方面应该相同或相似,两次测验也不要有时间间隔,因为若两次测验有一段时间间隔的话,两次测验的变异就不仅来自两个版本的测题上的差异,而包括由于时间间隔过程中出现的很多意外情况。

(三) 同质信度

同质信度又被称为内在一致性系数,是估计测验内部跨测题的一致性指标。这里讲的一致是指测题得分的一致,而不是指测题内容或形式的一致。如果测验中各测题的得分有正相关,则认为测验为同质的;如果测验中各测题间相关为零,则认为测验为异质的。测题间相关越高,则测验的同质程度越高。

虽然同质信度原指测验中测题得分的一致性程度,但是这个概念也可以应用于测验中的分测验或一组测题中。究竟要在哪一级水平上做分析,这取决于测验的结构和分析的目的。有时一个异质性的测验可能包含一些同质性的分测验或测题组。

与前面两种信度不同,不是所有的测验都要求有较高的同质性信度。一般用于预测的测验或成绩测验可以不考虑同质性,而用于验证某一心理学理论的测验则要求有较高的同质信度。

(四) 评分者信度

评分者信度是估计不同评分者对同一测验评分标准一致性程度的指标。在客观性测题的测验中,由于评分引起的误差变异是可以忽略的。但是,在采用主观性测题的测验中,由于评分者之间评分标准的不一致所造成的测量误差则不容忽视。有人曾列举一个典型例子说明评分者之间评分标准差异之大:在一次批阅语文试卷时,一个评分者把自己做的一份标准答案误放入了学生的答卷中,而另一个评分

者给它的评分竟为不及格。

估计评分者信度的方法是随机抽取一定数量的问卷,让两个评分者分别独立评分,然后再计算两者的相关系数,即为评分者信度。若有多位评分者,且采用多级评分时,可采用肯德尔和谐系数来计算信度(具体的介绍见后文)。

三、信度估计的方法

在信度的估计中,我们是用相关系数来表示两次测验之间或者两份复份测验等之间的关系的,这个相关系数也被称为信度系数,它表示测定误差对测验得分影响的程度,其差异范围在 $0—\pm1$ 之间。心理测试的信度最高可以达到 1。心理测试的信度达到 1 是一种理想的状态,在实际中是办不到的。一般的智力测验的信度系数在 0.9 以上,就可以认为该测验信度相当好。一般信度在 0.8 以上就令人相当满意,如果低于 0.8,在没有更好的测验时也可以作为参考,但对于测验所得的分数不宜有过高的信赖。

在对信度概念的介绍中,我们曾从理论上对信度的估计进行了探讨。但是,由于真分数是不能直接测量的,所以对信度只能根据实测分数进行估计。

(一) 重测信度的估计方法

估计重测信度的方法是,对一组被试用某一测验先后施测两次,两次测验之间应有一段时间间隔,然后计算两次测验分数的相关系数。

一般说来,测验的重测信度要达到 0.90 以上才算合格。当然,由于重测信度受时间间隔长短、间隔期间被试活动等因素的影响,因此要慎重选择间隔时间的长短:过于接近,会有练习效果;间隔太远,在这期间的变化也可能影响测验成绩。在实际评价某一测验重测信度的高低时,要结合具体的条件来分析。

(二) 复本信度的估计方法

复本信度的估计方法是,用两个等值(题型、题数、难度、区分度等相等)但测题不同的测验,在最短时间间隔内对同一组被试施测两次,然后将两次测验所获得的分数求相关,即为复本信度。复本信度的计算方法与重测信度的计算方法一致,这里不再赘述。

如果我们用两个等值测验,相隔适当的时间间隔先后测验同一组被试,然后将两次测验所得的分数求相关,这样求得的相关系数被称为稳定等值系数,它既反映了复本之间的一致性,又反映了测验跨时间的一致性。

复本法虽然可避免重测法受时间因素影响的缺点,但也有不足之处:第一,测验问题的内容易出现练习效果,与重测法一样,第一次测验的影响波及第二次测验的结果,有可能影响相关系数;第二,由于测验的反复,测验的性质也有改变的可能,例如,第一次接受思维能力测验,即使是同种问题,第二次测验恐怕在心理学上会成为不同性质的测验。由于复本法量表在现实中很少,故使用它的机会也不多。

(三) 同质信度的估计方法

同质信度有多种估计方法,常用的有分半信度法、内部一致性法。

1. 分半信度法

分半信度法是把一个测验分成两半,看看这两半是否具有高的相关系数。这个方法是把全部题目分成两个相等的两部分,求两个部分的相关值。最常用的分法是奇数—偶数法,即单号问题成一组,双号问题成一组。但是,这里求得的相关系数还不是整个测验的信度,因为测验是分成两部分的,这样测验的长度减少了一般,会降低测验的信度,因此需要用斯皮尔曼—布朗公式来对相关系数进行校正。

2. 内部一致性法

若将测验各项目间反应的一致性程度作为信度的推定值,可使用克伦巴赫α系数和库德—理查逊公式来计算。

(四)评分者信度的估计方法

当评分者为两人时,评分者信度的计算方法是,先让两人分别对同一组被试的测验结果进行评分,然后计算两组成绩的相关系数,即评分者信度。

从以上我们可以看到,求信度系数的方法各种各样。然而,它们都是基于不同的假定和前提条件,故所求的数值意义也是不同的。因此,只依靠数值来比较和讨论测验的信度高低是不适当的。

四、影响测验信度的因素

信度的准确与否和误差,特别是随机误差的关系十分密切,这种误差是各种各样的。比如,被试者的身心健康,参加测试的动机、态度,主试的专业水平,空气的温度,测试场地的环境,指导语的差异,题意的明确与否,项目的多少等,这些都会影响到测试的信度。因此,为了使心理测试获得有意义的信度,必须严格控制可能影响测试结果的各种主观变量。

测验的信度受许多因素的影响,如下所示:

(1)测验的信度依赖于测验的长短。一般说来,测验越长(项目数越多),信度越高。可是,测验过多,被测者就厌烦,也会降低信度。而且,项目过多,就可能包含离开测定目标的不纯项目,从而使测验的同质性下降。

(2)信度受被测样本群得分离散程度的影响。得分之差(用标准差来表示)越小的组,其测验的信度将越低。因此,对于有大的个人差异的受测群来说是高信度的测验,在运用于高度选择了的样本群时,信度会变低而不起作用。例如,在全国实施的升学能力倾向测验,即使对全体被试者显示出相当高的信度系数,若用于都是优秀高中毕业生而作为一流大学的入学者选拔用,未必能成为信度高的测验。因此,样本的差异性越大,测验的信度就越高。

(3) 在某种能力水平上信度高的测验,对于别的能力水平的群体未必信度就高。例如,在比奈智力测验中,对于智力低下的成人有相当高的信度,但对于普通智力以上的成人,其信度就低。

(4) 重测法的信度系数受两次测验的间隔期间长短的影响。如前所述,一般间隔期间长,信度系数就变低。这是由于在此期间,个体的发展成长所带来的变化或其他因素影响了测验的成绩。

五、如何提高测验的信度

一个好的测验,其测验的内容和困难度要适合于所测的对象,并且要具有较高的信度和效度。但是,在编制一个新的测验时,往往没有直接决定效度的外部基准效标,因此最初应把注意力放在信度上。下面这些条件,可以提高测验的信度:

(1) 问题项目多,可以提高信度。

(2) 由同质的项目构成的测验,比异质项目所构成的测验信度高。

(3) 项目的辨别力高,信度也高。

(4) 由困难适中的项目(通过率平均在 50% 左右)所构成的测验信度高。

(5) 对各种能力程度不同的人的测验结果,信度高;而对能力同等的人的测验结果,信度低。

(6) 区分越客观,信度就越高。

(7) 两者择一的回答(即是否选择),不如多重答案备择法的信度高。

（8）意思暧昧、容易误解的问题，回答的指示不明确的问题，信度低；反之，信度高。

第三节 效 度

一个良好的心理测验，光有很高的信度还是不够的，它还必须要符合另外一个特征标准，即具有很高的效度。

比如，拿一把尺子去测量一个人的体重，虽然你每次测量到的值都是很稳定，却是无效的；也就是说，拿尺子去测量一个人的体重，虽然符合信度要求，即它每次获得的测量数据都是基本稳定不变的，但根本就不符合效度检验的标准。

效度的类型主要有内容效度、结构效度、准则关联效度三种。

一、内容效度

（一）含义

内容效度是指测验的测量是否充分代表了所要测量的内容范围，即测验题目对有关内容或行为范围取样的适用性，它所关注的是测验的内容方面。比如，我们在测量一个管理者的领导能力时，我们需要考虑：无论从管理理论还是实践中，我们所的测验维度是否涵盖了领导能力的主要构成方面。如果我们选取的题目过于注重领导能力的某一方面，比如沟通能力，而忽视或削弱了另一些方面，如组织能力，那么这样的测验效度是不高的，即测验并没有真正准确地测到我们所想要测量的东西，内容效度不高。

（二）验证方法

内容效度是一种理论内涵很强的测验效度验证方法，一般很难进行量化评定，所以，在大多数情况下，检验测验是否具有内容效度，典型的做法是请外部专家来进行评定,这些专家不是本测验的编制者,却是非常了解该测验的内容的。比如,在领导能力测验中,在进行内容效度评估时,可以邀请管理学界学术权威和知名企业界人士对该测量的维度进行评定,判断测题对于测验领域(领导能力)是否具有代表性,通过这些评定资料来确定一个测验的内容效度到底如何。

毫无疑问,这种确定过程是对测验的测题与测验所包含的范围进行符合性判断,没有数量化的指标来描述。更重要的是,由于各个专家的思想理念、经历不同,显然会影响到他们对测验的内容效度的判断,所以不同的专家可能会对测验的内容效度做出有差异的判断。正如高考作文改卷,不同的阅卷老师会对同一份作文考卷做出有很大差异的评分。但是,有些时候,我们也可以把不同专家评定的差异性大小作为测验的内容效度的参考指数,因为,从理论上说,良好的测验所包含的内容应该是争议非常小的。

也有人提出了一种可量化的内容效度检验方法,先选取两份具有相同内容范围的测验,然后获得一些被试在这两份测验上的得分,计算两个分数的相关系数,这个相关系数可以作为内容效度的数量估计。如果相关系数很大,那么可以认为这两份测验的内容效度很高;如果相关系数很低,那么最少有一份测验的内容效度很低。这种内容效度的评估实际上是一种退而求其次的方法,更准确地说,这是一种复本信度的计算方法,况且,寻找两份内容范围完全相同的测验实际上是一件不容易的事情。

(三) 提高办法

通常,在测验编制之前就应该充分考虑如何提高测验的内容效度,因此,测验编制前应该尽可能明确而详尽地确定测量的领域,根据测验各个部分确定权重、题量、分值等。当然,还要考虑到统计上的特殊要求以及与内容效度有关的一些因素,如国家、民

族、性别、学历、地区等。

二、结构效度

(一) 含义

结构效度是指测验分数能够说明经典理论或最初所依据的理论结构的程度。因为编制一份测验所遵循的基础是某些经典理论或丰富实践经验的思想。比如，要测量一个人的智力水平(IQ)，测验编制者不可能信马由缰地出题目，必须根据一定的智力理论来进行，不同的测验编制者编制出来的测验是否真正体现了最初所依据的理论结构以及体现的程度，就是测验的结构效度。

(二) 验证方法

(1) 因素分析——为了检验测验是否符合原来的构思，我们可以使用因素分析方法来进行。把一份测验施测于被试，对其分数进行因素分析，看其分析结果所包含的几个主要因素是否符合测验最初构思的几个维度。

(2) 相容效度——把新编制的测验与已有的测验(效度很高，并与新测验的结构相似)做相关分析，如果相关系数高，则其结构效度应该也是良好的。

(3) 会聚效度——测量同一品质的几个测验，虽然测量方法不同，但它们测量的结果相关系数应该是很高的。

(4) 区分效度——如果测量不同的特质，即使使用同一测量方法进行测量，其相关系数也应该是很低的。

测验的结构效度还可以从内容效度、测验同质性、被试的思维过程等方面来获得支持，它们与以上几个方面一起能够综合评定测验的结构效度到底如何。

三、准则关联效度

（一）含义

准则关联效度的实质是检验测验分数与实际表现的相关和一致性程度，即用测验分数来推断以后的相应表现的准确性。比如，我们要检验高考试卷的效度，可以把高考成绩与大学成绩作相关分析；我们要测量管理者的领导能力，可以把测验分数与实际工作业绩作相关分析；要测量 MBA 考试的效度，可以与被试多年后的工作业绩（准则分数）作相关分析。

准则是检验测验有效性的参考标准，它必须是可以操作的、容易测量的，测量的误差力求最小，避免偏差。

准则选取常常不是一件容易的事情，况且效标常常会受到污染。

（二）计算方法

计算准则关联效度的方法有效度系数、区分法和命中率法。一般使用比较多的是效度系数。

效度系数指的是测验分数和准则分数之间的相关系数。先选定一部分被试，对之进行测验，获得测验分数，然后通过一些手段得到他们的准则分数，求得两者的相关系数即为效度系数。

区分法是检验测验分数能否有效地区分由效标所定义的团体的一种方法。例如，要看一个问卷是否能够准确测量到人们的管理能力，我们找出两组人，一组是具有管理经验者，另一组是没有管理经验的，求出他们在管理能力上的得分，比较他们的平均数，看两组是否有显著性差异。如果我们的问卷能够对两组人进行有效区分的话，就说明管理能力问卷是有效的。

命中率法是当测验被用作取舍的依据时，用其正确决定的比例来作为效度指标的一种方法。使用命中率法，可将测验分数和效标资料分为两类：一为成功，一为失败。若被试测验成功，效标中属失败，则称失误；若测验成功，效标中亦属成功，则称命中；若测验失败，效标中亦失败，则称命中；若测验失败，效标中属成功，则称失误。这四种情况见表11-4。

表 11-4　命中率法测验结果

效标＼测验	失　败	成　功
成　功	A 失误	B 命中
失　败	C 命中	D 失误

命中率的计算有两种方法，一种是计算总命中率：

$$总命中率 = \frac{命中}{命中+失误} = \frac{B+C}{A+B+C+D}$$

另一种是计算正命中率：

$$正命中率 = \frac{测验与效标皆成功人数}{测验成功人数} = \frac{B}{B+D}$$

总命中率与正命中率一般情况下完全一致。正命中率高低常随划分测验分数成功与失败的临界分数的高低而变化。显然，临界分数越高，正命中率也越高；反之，临界分数越低，则正命中率也越低。

四、信度与效度的关系

信度与效度具有密切的关系。可以将信度比作射击在靶子上的弹点的集中程度。弹点越集中，说明射击越稳定，即信度也就越高；弹点较分散，说明射击不稳定，即信度较低。可以将效度比作子弹偏离靶心的程度，子弹偏离靶心的程度越小，说明射击越准，即效度越高。如果 10 次射击都能准确射中靶心，那么这 10 次射击的弹点必须很集中，即信度要高，否则无法保证都能射中靶心。也就是说，信度高是效度高的必要条件。但是,信度高并不能保证效度一定高。比如10次射击都打在靶子上并且也很集中,但是偏离了靶心,也并不能说明效度高。因此,信度并不是效度的充分条件。其关系可以用图11-1来表示。

 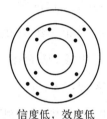

信度高,效度高　　　信度高,效度低　　　信度低,效度低

图11-1　信度与效度关系

五、影响测验效度的因素

影响效度的因素很多,凡能产生随机误差和系统误差的因素都会降低测验的效度。现从以下三个方面讨论影响效度的因素。

(1) 测验本身的因素:测验取材的代表性,测验长度,试题的类型、难度、区分度以及编排方式等都会影响效度。要保证测验具有较高的效度,要做好以下五点:① 测验材料必须对整个内容具有代表性;② 测题设计时应尽量避免容易引起随机误差的题型;③ 测题难度要适中,具有较高的区分度;④ 测验长度要恰当,即要有一定的测题量;⑤ 测题应按先易后难的顺序排列。

(2) 测验实施过程中的因素:测验实施过程中的许多因素也会影响效度。例如,指导语是否正确、易懂,测验场所有无噪声和其他干扰因素,测验的时间限制是否一致,等等。如果测验条件没有标准化,就会使测验效度降低。

(3) 被试方面的因素:被试的兴趣、动机、情绪、态度和身体健康状况以及是否合作等,都会影响测验结果的可靠性和准确性。

第四节 量表与常模

我们前面了解了测验的项目分析以及信效度，下面我们重点讨论使用测验的人非常关心的问题，即对测验分数如何解释。由于心理测量是相对的而非绝对的，测验不仅需要得到一个分数，而且要对测验分数进行比较，从而得到某些确定意义的价值。这就需要把测验分数与一个客观的标准——常模进行比较，从而对个人测验结果进行解释。常模就是指心理测量中用作比较的客观标准。常模关心的不是一个人能力或知识的绝对水平，而是他在所属群体的能力或其他物质连续体上的相对位置。常模使得每一个分数可以比较，用常模可以确定一个被试测验分数的相对高低，即他在所属群体的心理特质连续体上的相对位置。如果没有常模，心理测量的结果就会变得毫无意义。常模也可以说是在心理测验中标准化样组的分数。

一、标准化样组

（一）什么是标准化样组

在测量某一范围被试的同一心理特质时，要取得有效、可靠的常模，最可靠的办法是将具有这一研究特征的所有被试都加以测量。实际上，由于时间、人力、经济条件的限制，这常常是不能做到的，只能抽取具有这一研究特征的一部分来代表总体。如果由这一部分个体所组成的样组能够代表总体，则该样组就是标准化样组。

标准化样组不是人为任意选取的，选取必须具备这样的条件：

（1）选样本时，要考虑到与测量有关的变量。例如，智力测验时要注意年龄、地域、性别、父母学历、家庭经济状况等方面。标准化样组的成员都是具有某一研究特征的个体；标准化样组是欲测量的全域的一个代表性样组；取样的过程必须有详细的描述。若全域中的小团体差异较大,则要分别制定常模,如人格测验分男、女。

（2）样组规模要适当,有条件的话,越大越好。取样误差与样本大小成反比。所以,在其他条件相同的情况下,样本越大越好。为了克服误差,抽样方法很重要,下面将会详细讲述。一般情况,最小样本为30—100个。如果是全国性的常模,一般要求有2 000—3 000人为宜。

（3）在一定时间和空间中抽取的标准化样组,只能反映当时当地的情况。随着时代的变化,原来选取的标准化样组的代表性也就变差了,所以常模也不是一成不变的,经过一段时期要对之进行重新修订。许多的测验量表都不得不有常模过时的问题,现在国内较为广泛应用的卡氏16PF个性问卷也存在上述问题,有研究发现测验结果的平均分较以前增高,原始分在8—11分集中,使标准分的转换成为难题。

（二）如何选取样本

心理测量中最常用的常模是年龄常模,即根据某一个年龄组被试者所得出的平均数。我们不可能把所有这一年龄的被试都做一遍测试,我们只选出能代表这一年龄的一部分人做测试。如何选取这一部分人群呢？这就要用到我们下面要讲到的抽样问题。

抽样就是从目标总体中选择有代表性的样本。一般有两类取样方法：随机抽样和非随机抽样。所谓随机抽样法即不依个人主观的判断,总体内每一基本单位个体均具有相同地位,采取随机方式抽选样本,各样本被抽中的几率完全相等。由于可利用几率理论计算各样本中选的几率,所以随机抽样法又被称为几率抽样法。

随机抽样常用的抽样方法有以下四种。

（1）简单随机抽样,这是一种最简单的抽样方法。将抽样范围中的每个人或每个抽样单位编号,随机选择,以避免由于标记、姓名或其他社会赞许性偏见而造成抽样误差,这里每个人或抽样单位都有相同的机会作为常模团体中的一部分。

（2）等距抽样，是指以被试的某些与所测特征无关的特性（如电话号码、学号），将被试按一定的顺序排列，研究者确定一个随机的起始点，如果从总体中抽取 $1/K$ 的被试，那么列表中的第 K 个就成为样本组中的被试。

（3）分层随机抽样与简单随机抽样有一定的相似，但研究者事先决定某些类型的被试必须在样本中占一定的比例。

（4）整群抽样是指当被试以一些自然的组合单位成为各种团体时，便可以以一整群为单位随机抽样。

就取样而言，研究者一般均较喜欢用随机抽样法。主要原因是能够有效避免抽样误差。有些研究者则常用非随机抽样方法来取样，原因除了个人偏好外，有时则是因为完全百分之百的依随机理论来取样并不可行。例如，总体的不完全，或是问卷回收率太低时，均在某种程度上扭曲了随机抽样的要求。

一般说来，大规模取样的抽样设计是可以非常复杂的，可以在好几个抽样阶段中应用不同取样原理而产生，也可以是随机抽样与非随机抽样混合产生。这些方法虽不一样，但均是以"取得有代表性样本"为原则。

（三）常模如何分类

根据样本大小和来源，通常有全国常模、区域常模和特殊常模（盲人、智力低下、特殊职业等）。根据具体应用标准和分数特征可有：平均数常模、百分数常模、标准分常模等。就常模的时间性可分为发展常模与组内常模。发展常模是指某一年龄或某一年级心理发展的平均水平，常见的发展常模有年龄当量、年级当量、顺序量表、比率智商、教育智商等。组内常模表示具有同一身份的人的平均水平，常见的组内常模有百分位常模、标准分数常模、离差智商等。就取样的地域大小可分为总常模与分常模。总常模是指某团体心理发展的平均水平，这一团体范围广泛，一般是指全国范围内的被试。由于总常模的范围太广，为消除地域和行业差别而采取的常模，就被称为分常模。

二、原始分数与导出分数

（一）原始分数

原始分数意即实施测验之后，依据测验说明书所得到的分数，相当于我们考试所得到的卷面分数。分数可以是任意的，没有意义。例如一次数学考试中，总分100，你得到50分，据此我们无法判断你得分的高低，因为我们缺少一把用来比较的尺子。原始分数并不具有可比性，即使在同一考试中，原始分数和考生的学业水平也不存在简单的比例关系。为正确解释分数的意义和进行比较，就必须把原始分数转换成具有比例量表性质的导出分数，从而得出有益于决策的信息。

（二）导出分数

为比较测量结果，必须有一个等值的单位和一个特定的参照点。原始分数之所以不能直接进行比较，是因为分数的单位并不等值。不同的考试由于难度不同，分数的单位固然不同，就连同一份试卷中的不同试题的分数单位也是不等值甚至可以说是无定值的。为使分数之间能够进行比较，必须找到一个不变的测量参照点和一个对同批考生参加所有的考试都保持等值的测量单位。

原始分数的意义需有参照意义标准才能体现出来，必须把原始分数转换成有一定参照点的单位的测验量表上的数值，这就是与原始分数等值的量表分数。由于原始分数转换而来的，以常模为参照点，又有一定的单位，有时也称之为导出分数。

测验量表是以常模为参照点，所以人们又称之为常模量表。测验量表的编制步骤是：

（1）根据测验性质与使用的范围选取一个标准化样组；

（2）实施测验于标准化样组的每一个成员，获得一组测验分数；

（3）将测验分数转换成某种测验量表分，这样就可以找出每个人在量表中的相对位置。

三、测验量表

（一）百分量表

百分等级代表位于某一原始分数以下的人数百分比，亦即某一原始分数在团体每百人得分中所高过的人数。例如，测验原始得分为 50，$PR=54$，表示有 54% 的人的原始分数是低于 50 分的。就受测者的角度来说，他的分数高出了 54% 的人，亦即其得分在每 100 人中高过 54 人，换句话说，就是每 100 人中有 54 人的分数低于受测者的得分。PR 值是介于 1—99 的数，可提供给我们知道受测者的分数在每百人中所占的位置。

百分量表使不同的结果能够比较，使人容易理解。但是，原始分数转换成量表分时，是非线性的。百分量表是等级量表，不能作加减乘除运算。原始分布呈正态，而百分量表分呈长方形。亦即在分布的中间微小的原始分数差异会造成巨大的百分量表差异。相反，在两极端中巨大的原始分数的差异只能产生微小的百分等级差异。也就是说，百分位无法说明被试间差异的原始分数量大小。

（二）标准分数量表

正态化标准分数是运用正态分配的概念来了解个人在团体中所在的位置。正态分配的图形是一个钟形的分配图，中间分数的人数最多，向两旁人数递减。只要常模建立时，测验原始分数的分布符合常态分配，就可以运用常态分配的比例来了解个人所在的位置，所以有许多的测验会采用这个方式。根据统计学原理，引入变换，可把一般的正态分布函数化为标准正态分布函数。

标准分（Z 分数）的计算公式如下所示：

$$Z_i = (x_i - \bar{x})/\sigma, \ i=1, 2, \cdots, n$$

其中，$\bar{x}$ 为平均分，σ 为标准差。标准正态分布函数的平均值恰好是 0，其标准差恰好是 1，这正好可以作为对任何正态分布都不变的参考点和等值单位。Z 被称为标准分或 Z 分数，它代表分数 X 距离平均分有多少个标准差。标准分可用于不同考试、不同考生，甚至不同科目的考试之间进行相对位置的比较。例如，某考生数学和英语考试的原始分数分别为 85 分和 73 分，而两次考试的平均分分别为 68 分和 55 分，标准差分别为 12 分和 8 分。如果只看原始分数，人们可能会认为该考生的数学学得比英语好，然而，一旦变换为标准分：$Z_{数}=1.42$ 和 $Z_{英}=2.25$，即可发现，原来该考生的英语成绩在班上的相对位置实际上比数学要高得多。

从引入过程可知，仅当分数呈或接近正态分布时，标准分才有其作为比较标准的意义。通常在常模样本够大且具代表性时，测验分数的分布会符合常态分配。一旦分数分布较为严重地偏离正态，就必须把标准分正态化后才能用于比较。

正态化标准分不仅具有可比性，而且还具有可加性，可以接受各种数学处理。例如，可以计算考生各门考试的加权平均标准分，从而确定各考生的总体学业水平在全体中的相对位置。标准分的意义明确、内涵丰富是测量学中一个常用的导出分数。

标准分的主要缺点是有负数和小数。对于正态分布而言，标准分多在 -3—$+3$ 之间，而且往往是小数；另外，标准分的 0 代表考生的分数等于平均分而不是 0 分，等等。一般人对这种表示方法会感到不习惯，从而会给以后的统计分析带来一定的麻烦。采用 T 分数就可以解决这个问题。

(三) T 分数量表

正态化的标准分数仍有负数和小数,直接使用有以上不便,这使得人们不习惯接受。所以,转换为正态化的标准分数之后,为了使用方便,还要进行一次线性变换,也就是把正态化的标准分变为 T 分数。

T 分数的定义为:

$$T = 10Z + 50$$

可见,T 分数为 50,代表原始分数等于平均分,大于 50,表示原始分数高于平均分,而低于 50 则在平均分以下。T 分数是直接从标准分转化来的,它既保持了标准分的优点,又比较接近大家所习惯的百分制,故很受欢迎。为适应不同习惯和需要,T 分数也可采用更灵活的定义式: $T = kZ + C$。式中 k 和 C 是常数,其数值由主考人确定。显然,C 代表原始分数等于平均分时的 T 分数。而 k 则可控制 T 分数的全距约为 $6k$,即在 $T = C$ 的两侧各约有 $3k$ 的跨度。

标准九分最早时被广泛应用于美国空军的心理测验中。标准九分也是一种标准分,它将原始分划分为 9 部分,最高是 9 分,最低是 1 分。除 1 和 9 的范围略大以外,其余均是以 5 为中心向两边各包含 0.5 个标准差的分数段。1,2,3,4,5,6,7,8,9,相应百分比为 4%,7%,12%,17%,20%,17%,12%,7%,4%。

专业知识测验

第十二章

测验的种类很多,且有多种分类方法。从测验编制者来分,有专家编制的测验、专门的测验发行机构编制的标准化测验和教师自编测验;从被测者的属性来分,有智力测验、知识(成就)测验、人格测验等;从解释测分和评价的标准来分,有常模参照测验和准则参照测验;从为什么使用测验和评价的时间来分,有形成性测验和总结性测验;从试题形式来分,则有客观测验和论文式考试,等等。本章将重点对知识测验及鞠门学派知识测评系统进行介绍和分析。

知识是个人经过有目的、有选择的学习后,在头脑中形成的有系统、有层次的结构体系。知识与工作绩效的关系密切,它是做好工作的基本条件。正因为如此,目前我们的人才录用考试在知识的考查上比重都较大。

知识测试简称考试,知识测验内容是指个人做好本职工作所必须具备的基础知识与专业知识。知识测验以测试被试所掌握知识的深度、广度,知识结构是否符合拟定职位的要求。所以,专业能力测评就是依据工作所要求的知识与能力,发现人才和使用人才的测试。对知识的考查:一是看容量,即题目的数量,测题是否包括了所有的知识点;二是结构的合理性,即测题所测量的知识点的分布是否合理。

与智力测验不同,知识测验旨在测量被试对某一学科或某一组学科知识的掌握程度,测量的是特殊能力;而智力测验测量学生运用这些知识的能力,偏重于测量与分析心理过程,测量的是一般心智能力。知识测验是评估被试在接受一些教育或训练程序后所获得的学习成果,它的实施发生在教育、训练过程后。在测验的技术品质上,知识测验要注重内容效度,而能力倾向、智力测验则必须有较高的预测效度,否则就失去其基本价值。

第一节 知识测试分类

专业知识是指本岗位所需要的专业理论知识、相关学科知识和行业发展所需的新知识。

一、题型分类

知识测验常用的题型是单项选择题、多项选择题、判断、填空题。

(一) 单项选择题

单项选择题一般是由题干和 4 个备选答案组成。其特点是 4 选 1,即在 4 个备选答案中选出一个正确的或是最恰当的答案。另外,单项选择题考的范围很广,题量大,其主要是考记忆能力及判断、理解能力。单项选择题的答题关键是要选准确,答选择题首先要审题干,弄清题干的内容和要求,选出最恰当的答案。单项选择题能力层次要求低,难度低,容易回答。答题时要注意,正确答案只有一项是正确的或最恰当的,不能多选,也不能选成 A 或 B,否则就不能得分。

(二) 多项选择题

多项选择题答案数目不固定,而且不论多答、少答、答错都不得分,选择题的解题方式从形式上看很简单,应聘者只需将认定的正确答案的标号填写在题干后的括号内即可。但是,其难度并不小于其他客观性试题。这种试题的难度主要表现在:① 题目的迷惑性。选择题的各备选答案往往具有相近性或相似性,给人以"似是而非"或"似非而是"的感觉。如果应聘者基础知识掌握不牢,理解不深,很容易选错。② 隐蔽性。选择题的正确答案包含在多项备选答案之中,而错误的备选答案中又有部分正确用语或貌似正确答案,有的错误的备选

答案与正确答案只有一个字或一个符号之差,这样就使正确答案隐蔽在错误答案之中。应聘者必须认真、反复地辨认,融会贯通地掌握有关知识,才能选出正确答案。

(三) 判断

要求对命题进行正误辨别,然后作出判断,亦称辨别对错题。这类试题旨在检查应聘者对那些容易混淆不清的知识、概念掌握得如何。这类题的解题看起来简单,应聘者只要回答"正确"或"错误"。但是,答案必须建立在应聘者对有关知识的充分理解和正确判断的基础上,体现了应聘者掌握知识的牢固程度。这类题的特点是,命题的正确与错误似乎是不明显的,表面上看似乎是对的,实际却是错的,或者表面上看似乎是错的,实际上却是对的。由于此种题型只有"对""错"两种答法,应聘者瞎猜也有一半的成功率,所以在评分方法上一般采取答案正确给分,不答零分,误答给负分,即从已得分数中倒扣分的方法。因此,应聘者对此类考题必须慎重对待,弄不清楚宁可不答,而不要怀侥幸心理瞎猜。

(四) 填空题

要求应聘者将特定的概念的关键词填入题干的空缺部分内,使其构成一个完整的判断。填空题旨在通过答题考查应聘者是否清楚特定概念与特定判断的特定关系,来了解他们对本专业基本知识掌握的情况,这些知识包括重要名词、概念等。填空题的特点是具有严格的规定性,答案必须是明确的、唯一的和合乎逻辑的,否则,一字之差,全题皆错。

二、知识测验的分类

知识测验的内容因职位不同而不同。例如,我国国家公务员的知识测试包括基础知识和专业知识两部分：基础知识主要是指担任公务员必备的基本通用知识，如政治学、行政学、法律、公文写作等；专业知识是从事某一专业或职位所必备的业务知识，不同类别公务员的专业考试科目不同，如文书或秘书类公务员考秘书学、行政学、写作、法学概论、经济学概论等。企业管理人员的知识测验，涉及企业管理、市场营销、管理心理学、公共关系学、经济学常识、法律常识等学科内容。实际招聘中，知识测试的各方面的内容可分为几份卷子，也可以合并为一张考卷。鞠门学派知识测验系统包括18个专业的题库，每一专业共有500多道题目，对于不同职位，18个专业的测题又可以进行多种组合。

（一）知识测试的三大类

知识测试可分为下面三大类。

（1）百科知识考试，又称广度考试，或者叫综合考试。考试内容很广泛，可以包括天文地理、自然常识、社会常识、数理化、外语、体育、文艺等。百科知识考试的目的主要是了解被试者对基本知识的了解程度，以及他掌握知识的水平。

（2）相关知识考试，又称结构考试。主要是了解应聘者对应聘岗位有关知识的考试。

（3）业务知识测试(job knowledge tests)又称深度考试。主要考试内容是指和应聘岗位有直接关系的专业知识。这是衡量候选人对所申请职位的职责所具备的知识，虽然这种测试经常采用笔试形式，但也可采用口试形式。不管形式如何，它们都包括一些能将有实践经验、工作熟练的人与没有工作经验、工作不熟练的人区分开的关键问题。

（二）专业知识分类

（1）企业管理基本知识测验（现代企业制度知识、相关法律知识、金融知识、财政知识)。

(2) 企业经营基本知识测验。

(3) 人力资源管理知识测验。

(4) 财务知识测验(会计、审计、统计)。

(5) 生产知识测验。

(6) 质量管理知识测验。

(7) 行政文秘知识测验。

(8) 法律知识测验。

(9) 技术开发知识测验。

(10) 投资知识测验。

(11) 外贸知识测验。

(12) 市场营销知识测验。

(13) 公关知识测验。

(14) 建筑类(建筑设计、建筑施工、城市规划、道路桥梁、工程预算、项目招投标、房地产开发、物业管理)。

(15) 机械类(机械设计、制造、工艺)。

(16) 计算机类(软件开发、应用、网络技术、硬件维护)。

(17) 冶金化工类(钢铁冶金、非金属材料、有机化工、无机化工、高分子材料)。

(18) 生物工程类(生命科学、医药工程)。

第二节 鞠门学派知识题库管理系统

一、题库类型和功能

题库(Item Bank)一词,源于 20 世纪 60 年代英国一个全国教育研究课题。其本意是测验试题的有序集合。像图书馆的书籍一样,试题均有"分类"与"编目",即在统一的类别系统(如内容与难度系数)上标定了位置。正因为试题都这样有序存放,因而就可以按要求准确而方便地调取。

鞠门学派知识测评题库是根据心理测量学使用的真分数理论(CTT)为基本理论依据,针对高级经营管理和高级专业技术人员测评考试要素的特点,突破教材等固定参考点,强调各种能力和能力测试要素随机组合并与现代化管理手段有机匹配的一种多功能题库。试题采集是题库建设的基础性工作,我们制定的包括试题采集原则、技术指标、操作程序等方面的总体采集方案,是全体参与课题的研制人员以及聘请的专家和编审人员共同遵循的工作原则和参照标准。

鞠门学派人才测评体系中的知识题库主要包括题库建设和题库管理系统开发两大部分,两者是相辅相成的。题库建设要达到一定规模和层次,同时题库管理系统开发要充分考虑其实用性和操作性,提高市场的使用效率。

题库管理系统是一种综合性的软件管理系统,包括建库和维护子系统、检索查询子系统、试卷生成子系统、图形绘制子系统、统计分析子系统等。其能够智能化生成测试试题和试卷,其功能达到在管理上具有动态性,在使用上居于易操作性,在发展上具有连续性和先进性,在保密控制上具有安全可靠性等。

本题库管理系统是为满足科学的人才测评实施而推出的一套科学规范的智能化生成试题和试卷的管理分析软件,它是一套能够马上应用于实践的有效而权威的软件产品,利用此系统不仅能根据单位实际情况科学地生成试卷,而且通过对试卷的效度、信度、可行性等进行分析和动态调整,可以使人才测评达到客观真实地评价测试者的目的。

二、系统六种模块功能

(1) 试题管理模块:试题录入、修改、编辑的功能。

（2）试卷生成模块：自动、快速、灵活的组卷功能。

（3）检索编辑模块：试题查询、检索、统计功能，试卷编辑、显示、打印功能。

（4）试卷与排版输出模块：具有支持多种输出格式以及人工干预和智能化相结合等功能。

（5）试卷分析评估模块：测评结果质量评价与对题库中试题属性值进行动态校正的功能。

（6）辅助模块：支持图片导入、题库合并、管理权限、系统维护等辅助功能，指导用户的帮助功能。

三、系统功能

（1）编辑部分支持多种文本格式，能够灵活插入公式、符号、图形，支持图文混排。

（2）在生成试卷时系统提供生成标准答案、评分标准并支持打印功能。

（4）系统具备良好的多媒体界面和效果。

（5）系统具有很高的安全保密功能。

智力测验

第十三章

13

能力测验包括一般能力测验和特殊能力测验,其中,一般能力测验也就是狭义的智力测验。

在企业的人才测评中,大多考察其一般能力,如言语能力、非言语能力、数字和空间关系能力、反应速度和准确性、归纳推理能力等。一般能力测验中比较著名的有瑞文推理测验(Raven Progressive Matrices)、斯坦福-比奈智力量表(简称 S-B)和韦克斯勒成人智力量表(WAIS-R)。

特殊能力测验在一些特殊机构中用得较多,如招收飞行员时就会有专门的飞行能力测验。比较著名的有爱荷华大学西肖尔(C. E. Seashore)等人的音乐能力测验、温格(H. D. Wing)编制的音乐能力标准化测验、戈登(F. Gordon)编制的音乐能力倾向测验与飞行能力测验等。

第一节 瑞文推理测验介绍

一、测验概况

瑞文推理测验是英国心理学家瑞文(J. C. Raven)于 1938 年编制的,原名"Progressive Matrices"(渐进方阵),它是一种非文字的测验,运用图形对人进行智力测验,主要测量一个人的观察能力和清晰的形象思维推理能力。

瑞文测验的编制者曾于 1947 年、1956 年对瑞文推理测验做过小规模修订,1947 年又编制出适合小年龄儿童和智力落后者的彩色推理测验,同时还编制了适合高智商者的高级推理测验。1985 年,我国学者张厚璨等人对该测验进行了修订,建立了中国常模。

瑞文测验是一种非文字的智力测验,主要用于智力诊断和人才选拔与培养。测验具有信度、效度高的特点,测验对象不受文化、种族和语言的限制,使用年龄范围广(5.5—65岁),既可进行个别测试,也可在团体中实施,使用方便,省时省力。目前广泛运用于企业招聘、职业指南、学校学生、人才选拔以及进行各类比较性研究和跨文化研究。

它的基础理论假设为人的智力可以分为晶体智力和流体智力,其中晶体智力为人后天形成的由学习过程中结晶形成的一种智力,流体智力主要是人由遗传所获得的智力,同时该理论强调人的智力受遗传的影响很大,瑞文测验是测量人的晶体智力。

该测验包括"瑞文标准推理测验"和"瑞文高级推理测验"。瑞文标准推理测验共由60个黑白的图形测验构成,瑞文高级推理测验是比瑞文标准推理测验难度更大的一种非文字智力测验工具,包括渐进矩阵Ⅰ型(12题)和Ⅱ型(36题),测试的图形都是彩色的。测验适用于高才智者,也就是瑞文标准推理测验结果百分位在90%或以上者。目前主要用来选拔人才。

瑞文推理测验共有A、B、C、D、E五个单元,A单元难度最低,E单元难度最大,一般的成人测试时可以直接从D单元开始。每个单元有12道题目,图13-1展示的就是D单元的第11题。

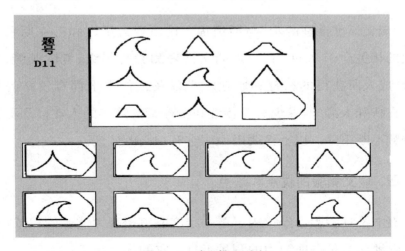

图13-1 瑞文推理测验

测验的指导语呈现需要 5—10 分钟,一般每 10—15 名被试就有一个主试。对于 6 岁及以下的孩子不要使用集体施测,选用个体施测。测验的指导语是这样的:"上面部分是一幅图,但是其中一块被切掉了。仔细看这幅图,分别从横向和纵向的角度思考这幅图缺少的部分是什么,然后从下面 6 个选项中选出一个正确的答案。""瑞文标准推理测验"最多需要 45 分钟,"瑞文高级推理测验"最多需要 1 个小时。瑞文推理测验给出了不同年龄的百分等级,以及粗糙的描述性分类——智力优秀、高于一般水平、智力一般、低于一般水平。测验只在总分上进行解释,一般对于错误和时间等不作出解释。

二、瑞文测验的信度

通过对 1 500 名年幼儿童的研究,"瑞文标准推理测验"的分半信度为 0.90,而且在种族和性别上没有差异。"瑞文标准推理测验"的再测信度系数介于 0.81—0.95,在较短的时间间隔如一个星期,再测信度系数约为 0.90,在较长的时间间隔如 3 个月,再测信度系数降到 0.80。测验的稳定性也就是信度很高。

三、瑞文测验的效度

"瑞文标准推理测验"与斯坦福—比奈智力量表和韦克斯勒智力量表的相关介于 0.54—0.86。瑞文推理测验与年级、考试成绩、教师评价、成人所获得的教育和职业水平以及工作水平都有较高的相关性。在特殊人群中,发现有退行性和精神错乱障碍的人在推理测验上的分数不断下降。以上已明确说明它有很高的效度。

四、瑞文测验的优点和缺点

瑞文推理测验已经代表了单一维度非言语智力测验的权威,并且被广泛地认为是一般智力的测量工具。它的优点在于:

(1) 容易施测；

(2) 根据不同的目的有不同的常模；

(3) 比其他的 IQ 测验的会聚效度好；

(4) 文化公平。

缺点在于：

(1) "瑞文标准推理测验"的难度有些偏低；

(2) 没有建立具有代表性的按人口来抽样的常模；

(3) 测验的系列复杂,降低了测验使用的方便性。

第二节　多维智力测验介绍

由于人们对于智力的定义很多,有人认为智力并非单一而多元的,如加德纳的多元智能学说。加德纳(Howard Gardner)博士是美国哈佛大学教育研究所发展心理学教授,于 1979 年起参与哈佛大学教育研究学院零点方案(Harvard Project Zero)的研究计划。该方案企图探讨一个伟大的问题：人类潜能的本质与实现。当时的研究成果是加德纳博士于 1983 年结集成一本名为《心智的结构》(*Frames of Mind*)的书。在这本书中加德纳教授提出人类的智能是多元化的,每一个人都拥有七种智能。这七种智能分别是：

(1) 语言文字智能——有效运用口头语言或书写文字的能力；

(2) 数学逻辑智能——有效运用数字和推理的能力；

(3) 视觉空间智能——准确感觉视觉空间,并把所知觉到的表现出来；

(4) 身体运动智能——善于运用整个身体来表达想法和感觉,以及运用双手灵巧地生产或改造事物；

(5) 音乐旋律智能——察觉、辨别、改变和表达音乐的能力；

(6) 人际关系智能——察觉并区分他人的情绪、意向、动机及感

觉的能力;

(7)自我认知智能——有自知之明,并据此做出适当行为的能力。

他以"多元智能理论"(简称 MI)荣获路易斯维里大学葛罗威麦耶奖,同时获得麦克阿瑟基金会的天才奖。大多数人可以在加德纳多元智能的内涵中发现自己的多项长处,因此在美国社会广受欢迎。自从1905年法国心理学家比奈(Binet)及西蒙(Simon)等人发展出世界上第一个智力测验以来,语言、数学、空间推理能力,已被认为是决定一个人智能高下的标准。加德纳及其同事驳斥传统狭隘的智力理论,指出了至少有七种基本智能的存在。这七种智能代表每个人七种不同的潜能,这些潜能只有在适当的情境中才能充分发展出来。他们特别强调多元智能在学校教育与家庭中的应用,其所论述的内容比较贴近生活,其理论较为具体。亦由于此七种智能被发现普遍存在于人群当中,因此多元智能的理论已广为学界所接受。不久前加德纳教授又在先前所提出的七种智能之外又加上新的自然观察智能。所以,在此我们仍以多元智能来称呼这个理论才恰当,如果有人提到八种智能理论,其实是一样的。于是,多维的智力测验借此东风也很流行。

多维度智力测验的效标是学业成就,因此它们经常被称为学术能力倾向测验或学业智力测验,很多时候简称能力测验。这里的"能力"和我们日常所讲的"能力"还是有一些区别的。日常所讲的"能力"多是和社会情景结合在一起才能体现出来,很多时候包括了人的人际沟通等的能力,而这里所讲的"能力"更强调人的学术成就可能性。它和我们日常所说的智力测验以及 GRE 考试的含义是很接近的。

多维度智力测验可以分为两种:多维度言语智力测验和多维度非言语智力测验。韦克斯勒成人智力量表(WAIS-R)就是多维度言语智力测验,它为 17—74 岁的成人智力测验使用,包括 11 个分测验,其中，前 6 个为言语分测验，后 5 个为操作分测验。韦氏采用离差智商对这 11 个分测验进行评分，可以分别评出言语智商、操作智商和全量表智商，并可在图表上画出线性图。WAIS-R 的信度、效度很高。目前已有中国修订版，但测验只能一对一进行施测，每次施测要花费 1—2 个小时，而且需要一整套测量器材，成本较高，故只能极少地应用于高级管理人员的选拔中。多维度非语言智力测验主要有：UNIT 和 Leiter-R。UNIT 是由 Riverside 出版公司出版的《通用非言语智力测验》(*Universal Nonverbal Intelligence Test*)。Leiter-R 是 Stoelting 公司出版的《Leiter 国际操作量表—修订版》(*Leiter International Performance Scale-Revised*)。多维度智力测验除了可以作合格与否的判断，还可以帮助被试发现自己的优势和劣势。

人格测验

第十四章

14

人格测验在心理测验中是一个比较大的种类,所谓人格测验就是指以人的个性和人格为测验对象。对于人格的定义,不同的学者有着各种各样的看法,总的说来,有狭义和广义之分。广义的人格是指人与人相区别的一切心理方面,包括人的性格、气质以及能力等;狭义的人格是指除了能力以外的部分,即特指人的情感、动机、态度、气质、性格、兴趣、品德、价值观,甚至是人际关系等。一般在心理测验中,人格采用狭义的定义。总之,人格既可以体现为一个人的外在行为方式,也包含一个人对于外界的内在情绪体验,还可以通过个人对于自身的感受来说明。

人格具有三个特征:第一,它是由多种方面特征构成的复杂体,经典的人格心理测验,大都包含了几十个维度方面,只有这样,经过人格测验,才可以对一个人有比较丰满的认识和了解。第二,人格在一定时期内是相对稳定的,"江山易改,本性难移",这很容易理解,正是人格的相对稳定性,才使得我们对一个人有着比较固定的认识,但是人格的稳定是相对的,在人的生理转型期,或者当一个人经历了重大刺激以后,他的人格可能发生剧烈的变动。比如,当一个非常莽撞的人经历了一次车祸之后,他可能会变得非常的小心翼翼。第三,人格的不同组成部分经过不同的搭配之后,使得人与人之间呈现了很大的差异性,正是这种差异性使得每个人都体现了自己独特的风采,正所谓"世界上找不到两片相同的叶子,世界上也找不到两个相同的人"。

正是因为人格既体现在表露于外的各种行为方式,又体现在不易觉察的情感体验当中,所以,要对人格进行测量,需要采用各种不同的方法。常用的人格测验方法有自陈量表测验、投射技术、人格评定量表和情景测验,下面将进行一一介绍。

第一节 自陈量表测验

自陈量表测验是指让受测者对于一系列标准化的问题（即量表）进行回答，然后根据得分来评价受测者的人格特征。任何人格特征的评价一般都可以采用该方法。根据量表编制的方法来分，自陈式测验可分为经验准则计分法、因素分析法等。

一、经验准则计分法

（一）武德沃斯个人资料记录

该量表为第一个人格测验量表，它最初为军用，目的是调查"一战"期间美国士兵的心理健康状况。

武德沃斯在参考大量的心理学文献和与临床精神病学家访谈的基础上，收集获取了一些具有神经质或患神经质前的共同特征，把它设计成各种问句，这些问句包含了多种多样的变态行为，如强迫症、恐惧症、虚幻感、颤抖和抽搐等。在最终形成量表前，把这些问句让病态人格者和正常人回答，没有区分度的问句被删除，同时，如果正常人有25%以上在某项病态人格问句上做了肯定回答，该问句也会被删除，经过一系列的调查和统计分析之后，形成了最终的标准版本量表。

（二）明尼苏达多项人格调查表

心理学家哈撒韦和神经精神病学家麦金利于1940年开始了明尼苏达多项人格调查表（Minnesota Multiphasic Personality Inventory，MMPI）编制的研究，1945年量表正式出版，它也是偏重于病理人格方面的人格调查表，一般用于16岁以上、有6年教育程度者，1966年出版了修订本。在宋维真教授的主持下，根据修订版制定了我国正常人常模。

1. MMPI 的编制方略

精神病的产生,既有生理机制方面的原因,也和病态人格有关。实际上,有些精神障碍是病前人格的病理发展,所以,精神科医生既需要了解病人的生理缺陷,也有必要了解病人人格。MMPI 最初就是为了帮助精神病医生了解病态人格而编制的辅助性工具。它的题目包括生理健康、身心症状、运动障碍、性、宗教、政治、社会态度、职业、家庭、婚姻问题以及各种精神病行为表现。先通过经验把一些项目归成各类,然后通过因素分析进行严格的基于统计学上的分类。在通过比较大量的有病理人格的人和正常对照组的基础上,通过筛选,保留有鉴别力的项目。

2. 分量表

MMPI 包含了 8 个分量表,其名称分别如下:① 诈病人格量表;② 抑郁人格量表;③ 癔症人格量表;④ 病态人格量表;⑤ 偏执性人格量表;⑥ 神经衰弱人格量表;⑦ 精神分裂性人格量表;⑧ 躁狂性人格量表。后来又加上内外向人格调查表(简称社会内向表)和男性化/女性化量表(调查同性恋倾向者),以上 10 个量表被称为临床量表。

另有三个效度量表:① 掩饰分——不真实回答,掩饰自己的情况,都会降低测量的效度。凡在该效度量表中答"否"的得分,其 T 分达 70 分以上意味该测量有效性不高。有时该量表也表示人格特征。比如,得分高反映出受测者有防御、天真、道德僵化的人格特征。有人认为,从小城市来的、有虔诚宗教信仰的人倾向于掩饰分得分高,精神病人在康复后不久一般得分也偏高。② 真实分——随意回答题目,也影响效度。MMPI 中包含了 64 项意思相同但提法不同的题目,如不仔细看清题意,前后回答会产生矛盾,使得分增加,一般矛盾回答超过 10% 说明效度有问题。③ 校正分——有人回答问题时有倾向性,即不知不觉装好或装坏。有些量表容易受这些偏向的影响,因此要加

以校正。后来在这些量表的基础上增加了一些新量表,有些量表是研究正常人的人格特质的,如独立性、统治欲、偏见等。

分量表的项目数不均,全量表共 566 项。通常用于个别测验。量表包括项目手册和回答纸,根据手册回答题目。随着电脑的普及,测试可以在电脑上进行,结果可自动生成。

常模采用 T 分制,其结果会生成一个人格剖析图。因为各量表之间的项目有重叠,所以剖析图可能出现多个高峰。

3. MMPI 的测量学评价

根据心理计量学的标准,其各量表之间独立性不够,一个项目不只属于一个量表,分量表中的正负回答数目不均等,这都不符合心理计量学的编制原则,项目过多有时也会影响回答后来问题的真实性。有研究报告,在一组正常人和一组精神病人中,重测信度和内部一致性信度均不高。尽管有这些缺点,在实际应用上还是有价值的,其应用范围很广。

(三)加州心理调查表

加州心理调查表(California Psychological Inventory, CPI)由美国心理学家高夫于 1957 年编制,它是在 MMPI 基础上发展起来的。它主要用于正常人(一般 13 岁以上)的人格调查,需要个别进行。

CPI 的编制目的有二:其一,预测人们在一定情境下的行为;其二,促使人们对自己了解得更清楚些。

高夫在学生时代就从事过 MMPI 的工作。他决定编制一个适用于正常人的人格量表。参照 MMPI 的方式,全量表分 18 个分量表,共 480 项目,按是非原则强迫选答。将各量表的原始分换算成 T 分后与常模比较作解释。

CPI 的重测相关和内部稳定性系数(即信度)除 4 个分量表外,其余都达到了 0.5 水平,对于人格量表来说是比较满意的。也有研究者采用因素分析方法发现 CPI 含 5 个因素：① 驾驭冲动和社会化；② 人际关系的有效性（外倾）；③ 适应的机变性；④ 传统观念的内化，有时称超我强度；⑤ 女性化。

根据在美国和加拿大的调查结果，CPI 在五个常用量表中名列第二，仅次于 MMPI，可见该量表的地位。CPI 在法律、护理、医学、酒瘾、药瘾等几个方面应用比较成功。在日本、意大利、法国、德国、希腊以及中国台湾省等都有译本。

但是，不得不指出 CPI 有如下两个缺点：① 各分量表的独立性差，彼此之间有许多共同负荷因素；② 选用项目缺乏理论基础，量表中的项目是否属于该量表也难以证实。

二、因素分析的方法

用因素分析方法编制人格测验，最早始于奥尔波特等人，这种方法编制的测验数据比较充分，对这种测验的信任程度更高。奥尔波特的分析是从收集描述个人的形容词开始再加入心理学、精神病学的术语，然后进行聚类分析，到卡特尔时正式采用因素分析。

这种方法的理论假设是这样的：人的行为之所以具有一致性和规律性就是因为每一个人都具有根源特质，人格测验就是要测量这些根源特质，如果一项人格测验能真正测量要测的特质，那么它包含的各测验项目必须具有显著的内部一致性。使用此法编制测验时，编制者要根据各方面知识，编制非常多项目，施测于非常多的人，然后将所得资料进行因素分析。这时"测验"这个刺激本身并没有什么清楚的规则，只是它汇集施测于大量的人的一种刺激，这些人的作答就是他们的反应，后来对这些反应作统计分析，然后根据反应的结果决定反应的意义，分析到最后得到的一个或几个因素即代表这些项目所测的人格结构。测验编制者将因素分析中因素负荷比较大的项目保留，对因素命名，最终组成一个人格测验。

卡特尔16种人格因素测验(简称16PF)和艾森克人格调查问卷(简称EPQ)就是因素分析法编制出的测验的典型代表。

(一) 卡特尔16种人格因素测验

这个测验是由美国伊利诺伊州立大学卡特尔教授编制的。卡特尔在因素分析后最终得到16种人格特质,并且认为这16种特质代表着人格组织的基本构成,只需要分析应试者的16种人格特质,就可以了解应试者在环境适应、专业成就和心理健康等方面的表现。在人力资源管理中,16PF的运用十分广泛,同时它也应用于心理咨询和职业指导。

现将这16种人格因素说明如下:

1. 因素A:乐群性(warmth)

高分者的特征是外向、热情、乐群;低分者的特征则为缄默、孤独、冷漠。

2. 因素B:聪慧性(intelligence)

高分者聪明、富于才识、善于抽象思考;低分者则是迟钝、学识浅薄、抽象思考能力弱。一般而言,专业训练者需要高聪慧性,但若是从事例行职务的人,则可能会因高聪慧性而易对其例行性的烦琐事务产生厌倦,从而无法长时间安于本职。国内对此测验的信度做过研究,这个因素的信度是最低的。

3. 因素C:稳定性(ego strength)

高分者情绪稳定而成熟、能够以沉着的态度应付现实中的各类问题;低分者大多易生烦恼,情绪易激动,较难以平常心应付工作生活中所遭遇的阻挠和挫折。凡是工作内容中需要应付各种难题的,应有高稳定性;但如果是可自己安排工作进度、随心所欲的职位,如作家、艺术家等则虽低情绪稳定性也不会有大的影响。

4. 因素E:恃强性(dominance)

高分者好强固执、独立积极,常自视甚高、武断;而低分者则谦逊顺从、通融恭顺。通常领导者、有身份地位以及成就较高者,恃强性较高。

5. 因素 F：兴奋性(elation)

高分者通常是活泼、愉快、轻松兴奋、逍遥放纵；而低分者常行为拘谨、严肃审慎、不轻易发言。

6. 因素 G：有恒性(persistence)

高分者通常是尽职、有负责心、有良心；而低分者权宜敷衍、缺乏奉公守法的精神。

7. 因素 H：敢为性(boldness)

高分者大多冒险敢为、少有顾忌、主动性强、不掩饰、不畏缩、敢做敢为,即使经历艰辛仍能保持刚强的毅力；低分者比较畏怯退缩、缺乏自信、害羞。通常团体的领导者、消防员和驾驶员有较高的敢为性,一般的办事员多为低敢为性。

8. 因素 I：敏感性(emotional sensitivity)

高分者细心、易受感动、敏感、感情用事；分数低者粗心、较理智、注重现实、自食其力,但也可能因过度理性而显得冷酷无情。

9. 因素 L：怀疑性(anxious insecurity)

高分者较怀疑、刚愎、固执己见、不信任他人,一般在团体生活中也不太会顾及他人的利益；低分者通常是真诚、宽容、信赖随和、易于相处。

10. 因素 M：幻想性(bohemianism)

高分者通常富于想象、狂放不羁,可能较富创造力,但也可能不切实际、近乎冲动；低分者较现实、合乎成规、不大鲁莽行事。

11. 因素 N：世故性(sophistication)

高分者精明能干、人情练达、善于处世；低分者坦白、直率、天真。

12. 因素 O：忧虑性(guilt proneness)

高分者易患得患失、自觉不容于他人、缺乏自信、自责、较忧虑抑郁；低分者则安详、沉着、自信。

13. 因素 Q_1：实验性(criticalness)

高分者好自由、批评激进、不拘泥现实，比较会去考查现有的理论与事实、重新评价，也较愿意去了解较进步的思想与行为；低分者较保守、尊重传统观念与行为标准。

14. 因素 Q_2：独立性(self-sufficiency)

高分者独立自主、当机立断、不依赖他人；低分者则不愿独立孤行、依赖、随群附众。

15. 因素 Q_3：自律性(compulsivity)

高分者常言行一致、自律严谨；低分者则较不善自制、不守纪律、自我矛盾与冲突、松懈。

16. 因素 Q_4：紧张性(free floating anxiety)

高分者较易紧张困扰、容易激动、缺乏耐心；低分者则较能知足常乐、心平气和。通常在生活或职业中未能发挥自身才智者，易得高紧张性。

16PF 的计分方法是将各量表的原始分数转换成标准分数，然后绘出剖面图再进行解释和评价。

（二）艾森克人格调查问卷

艾森克人格调查问卷(EPQ)由英国人艾森克(H.J. Eysenck)及其夫人编制，分儿童(7—15岁)和成人(16岁以上)两套，也有英国和美国两个版本。我国根据英国版作了修订，由龚耀先主持，制定儿童和成人两套全国常模，陈仲庚建立了成人的北京常模。成人问卷和青少年问卷均有 88 题。

艾森克认为人格是多维结构。首先提出 N 维，即情绪稳定和不稳定，最不稳定的为神经质。再提出 E 维，即外向和内向，内外向这一词指，中枢神经系统的兴奋和抑制的强度。P 维指精神质，是较晚发展的，不如 N 和 E 量表成熟，他认为正常人中或多或少也有些不正常的个性,在不很严重时并非一种病理性的人格,但当高级神经的活动在不利因素影响下可发展成病理的,有时神经质可发展为神经症,精神质可以发展成精神病等。L量表是测谎量表,当然它也不仅是测验受试者"掩饰"倾向(即不真实的回答),同时还测验某些其他人格特点,如在MMPI中所论及的一样。

N及E都是双向维度,如情绪可从极度稳定至极度不稳。同时,各维度是交叉的,以E维为X轴,N为Y轴,交叉成十字,这个交叉的十字分成四个相,为外向—情绪不稳、外向—情绪稳定、内向—情绪稳定、内向—情绪不稳,分别相当于四个典型的气质类型,即胆汁质、多血质、黏液质和抑郁质。

被试对每一项目选择回答"是"或"否",按计分键计算出各量表的原始分,取各年龄组的原始分均数和标准差为常模,以判断被试在各量表的位置。

作重测相关研究结果发现:重测间隔虽然很长,但相关系数仍较高。修订量表与原量表的结果比较,以及中国受试者的结果与英国和希腊的进行比较,在年龄和性别等个别维度的关系方面均比较一致,同时还显示出了国度差异。

三、对人格自陈量表的评价

人格自陈测验的优点是简单客观。自陈量表大多由采用纸笔形式进行,方便易操作,结构明确,施测简便,团体和个人施测均可。计分客观,解释比较客观和容易。

人格自陈量表同时也存在问题。人格测验的主要问题之一是反应定势。所谓反应定势就是指受测者有意识或无意识地"扭曲"其对测验项目的反应,从而塑造出一种其内心中所希望显现的人格特征,而这并不真正代表受测者。反应定势会损害到人格测验的可信性,是影响信度、效度的不可忽视的因素。

第二节 投射技术

自陈式的人格量表的主要问题是无法完全克服"防卫心理"。为了克服这一不足，人们发展了投射测验。投射技术也是人格测量中的一种常见方法。

一、投射技术简介

投射技术（Projective Technique）或投射测验是心理测验的另一门类。有名的如墨迹技术（Inkblot Technique）、主题统觉测验（Thematic Apperception Test，TAT）、画人测验（Draw-a-person Test）、填句测验（Sentence Completion Test）等。

投射测验为"一种非结构性的作业"。刺激材料无结构，回答不受限制，发挥被试的自由联想。面对模糊的、模棱两可的材料做出反应，被试会加进自己的认识，所以称之为投射。

二、墨迹技术

墨迹技术又称墨迹测验。测验材料是用黑色或彩色墨水置于纸上，压成一个对称的或不对称的墨迹图，这个图形是模糊的、无主题的，可被看成某些形象或其他意义的东西。这类测验最著名的有罗夏测验。

罗夏测验，又称罗夏技术。这一技术是瑞士精神病医生罗夏创造的。据记载，罗夏的父亲是一位美术教师，这可能是他用图画来作为一种测验材料的原因。因为主题清楚、意义明显的图画，很难发现人们的特征性知觉，只有模棱两可的墨迹才便于揭示其特点。罗夏在成千的墨迹图中筛选出10个图，有5张全为黑、灰色的，2张是黑色和红色的，其余3张是淡而柔的彩色，都是将墨迹放在纸上再折叠所成的对称的、浓淡不匀的墨迹图。

测验实施的一般方法是将10张图片按一定顺序交到受试者手中,要他说出从图中看到了什么。不限制回答数目,也不限制时间,一直到没有回答时再换下一张,还要问被试看到的是图整体还是图的哪一部分,问他为什么会由这些部位想象到其所说的内容,并将以上内容均记录下来。这一步骤的前一部分(他看到了什么)称联想阶段,后一部分(即回答因素)称询问阶段,完成这两个阶段后,余下的工作是主试者的结果分析阶段。不是所有墨迹测验都是按这个步骤,也不是罗夏测验的方法都一样。罗夏测验又分数种计分系统,各系统的测验方法和结果分析均有不同,如罗夏本人的计分系统、贝克发展了的计分系统、Klopfer 计分系统等。

三、主题统觉测验

1935年 H.A. Murray 和他的同事发表了《主题统觉测验——一种研究幻想的方法》一文。主题统觉测验后来经过应用和多次修订,逐渐被推广开来。现在有了各种计分系统,成为一种重要的投射技术。

(一)测验材料

测验材料是一些图片,这些图与罗夏测验用的墨迹图有所不同,有一定主题。材料分四套,每套20张。各套中有一些图片为共用的,有的为每套专用,共计30张图片,其中有一张空白卡。测验分男人(M)用、女人(F)用、男孩(B)用和女孩(G)用四套。每一套又分两阶段进行,故每次实际上只用10张图片。

(二)测验方法

指导语一般如下:"我要给你看一些图片,并且要你根据每一张图画讲一个故事。我问你四个问题:发生了什么事情?为什么发生的?

人物在想什么？事情的结局如何？想到什么便说，别忙，能说多少便说多少。"第二阶段的指导语要被试讲故事时更发挥想象力，讲得更生动。

一般情况下该测验可在一个半到两个小时内完成，每张图片讲一个大约300字的故事。当然有时会不顺利，例如有人讲得太快，有人则拒绝讲故事。主试者要能应付这些突发情况。

讲完故事后还要立即进行询问，需要询问的原因有几种：故事中用语意义不明确、故事意义不清楚等。

（三）TAT 临床应用

TAT 是一种人格测验，不能用作诊断测验，但可通过它来发现一些特征性病理或不同精神障碍的人在此测验中有什么样的特别的表现。这些信息，也可作诊断参考。

四、对投射测验的评价

（1）投射测验以人格的深层结构或无意识为研究对象，作为相应的测量工具仍有其地位。因为其他人格测验不以无意识内容作为测量对象。

（2）投射测验作为一种测验工具，在计分、解释的客观性及测量指标上的信度、效度上有待提高。

（3）投射测验的主观性很强，应该加强从事投射测验人员的训练工作。

第三节　人格评定量表和情景测验

一、人格评定量表

人格评定量表是通过人们的观察，给人的某种行为或人格特性确定一个分数的测评工具。它是以自然观察为基础的，但不同于一般的自然观察的是评定过程不是一次现场观察的直接记录，而是较长时间纵向观察及多次印象的综合。一般说来，评定量表是由与较熟悉被试的他人对被评者的行为或人格特点作出评价，而不是由其自己对测验条目作出逐一反应。

评定量表具有条目描述精练、结构明确、内容丰富、施测方便等特点，这些性质和特点使得评定量表的应用甚广。

二、情境测验

情境测验是把被试放在一个类似或模拟的生活情境中，由主试观察其行为表现，从而判定其人格特点。由于有意的设计和控制，可以认为情境测验是一种特殊的实验观察。用于测验人格的情境，有"实际生活情境"与"设计的情境"两类。前者多用于教育上，如品格教育测验；后者多用于选拔特殊人员，如压力测验。

情境测验比较自然、逼真，而且在多数情况下，被试并不知道自己被观察，故可以收集到一些在平时情境中难以观察与测量的内容。情境测验也有不足，其不易做到标准化，使用起来费时费力，不宜用于大规模的人员测评。

信息化人才测评

第十五章

15

第一节　信息化：人才测评手段的新变革

随着社会的发展、科技的进步，人才测评的手段和方式必将日新月异。信息化是一场革命，它带来人与人之间交往方式的改变和人类思维方式的转换，也带来人才测评理论与方法，特别是手段的重大转换。

信息化表现在人力资源管理领域，就是HR流程的"e"化。各类人才测评软件的开发与运用，是其中的重要部分。这些建构在心理测评、人工智能、信息技术、高级程序语言、多媒体技术等基础之上的测评工具，不仅将一般的测评手段"e"化，更使之得以建筑在强大的技术平台之上，大大提升了一般人才测评方法的应用范围。

人才测评界推出了众多针对不同测评对象的测评软件。测评技术中的心理测验、专业笔试、系统仿真及人工智能专家系统等，都在人才测评信息化中得到初步实现。所有这些，都昭示着人才测评信息化在测评中运用的广泛前景。

但是，人们经常的误解是人才测评信息化不过是把人才测评的方法搬到计算机上罢了，看起来似乎和一般人才测评方法的运用没有什么不同。事实并非如此，其实无论是从设计过程、运作程序、数据的收集和处理、测评结果解释、解释的话语系统等外在方面进行比较，或是从测评的理论依据与技术基础审视，不难看出相对于一般的人才测评方法，"人才测评信息化"并不是一种特定的测评方法，而是诸多人才测评方法在计算机上的再现，它能够实现对一般人才测评方法的综合，并为之提供更广阔的施展舞台。这种再现凭借的并非纯粹的技术，而是出于对新的社会互动基础趋势的把握，出于对一般测评方法的优点和缺点在信息时代应有的改造。一般的测评方法如面试、小组

讨论、公文处理等，固然各有相对的优势和适用的领域，但也有着共同的缺点，而人才测评信息化则正好能够从各个方面对之予以提升。

第二节 人才测评信息化的实现方式、理论依据和特点

一、人才测评信息化的实现方式

（一）基于单机的测评系统

单机版只能在一台电脑上进行单独的操作。此类测评系统对硬件设施的要求比较低，实施比较容易，最大的缺点是不支持多人同时测试。针对此缺点可以采取一些增强措施，比如，提供纸笔测试数据的输入接口。相对于下面的两类测评系统来说，此类测评系统在功能和灵活性上较为薄弱，适合规模不大的单位采用。

（二）局域网

利用公司现有的局域网搭建一个的测评局域网，组织应聘者或员工参加测评，各项数据传输至公司内部服务器进行运算处理，最终生成一份个人测评报告。此类测评系统能很好地支持多人同时、异地（比如分散在各个部门之中）测试，但是要求使用单位有一个良好的局域网环境，需要专业人员进行实施和维护，适合规模较大的单位采用。

（三）互联网测评

这是一种基于 internet 的测评系统，用户只要获得一个账号与密码，然后进入测评模块参与测试，就可以迅速生成测评报告。此类测评系统在支持多人同时、异地测试的表现上最为出色，测试完全不受受测者所处地理位置的限制（只要能上网）。此类测评系统要求使用

单位有自己的或者租用的 Web 服务器,并配备专业的实施和维护人员。其在实施和维护的复杂程度上介于上面两类系统之间,适合规模较大的单位采用。

各单位可以根据自身的实际情况选择适合自己的测评系统。

二、人才测评信息化的理论依据

人才测评信息化不仅仅是一种纯粹的技术表现,它同样有其理论依据。认识到这一点,对于正确认识人才测评信息化测评的相对优势及其可能的缺点,不无裨益。在一般心理测量的理论假设之外,人才测评信息化所凭借的理论依据还包括以下三个。

(一)认知心理学理论

认知主义心理学靠反对行为主义心理学而起家,它带来了心理测验理论的新发展。它使心理学和计算机结合,产生人工智能这一全新的领域;它用信息加工的观点来解释人的心理过程,较行为主义心理学的假设已经是大大前进了一步,使测评的假设由"刺激→反应方式"转化为"内心产生方式"。认知心理学理论在人才测评信息化测评中的应用,拓宽了测评的视野,更新了测评的方式,是对实证主义测评范式的扬弃。所有这些,使人才测评信息化作为一种测评方式的转向,具备了坚实的理论基础。

(二)项目反应理论

项目反应理论能够事先估计好所测能力范围内的估计标准误差和拟编测验的信息函数,然后从题库中选择所测能力水平的题目。这为人才测评信息化实现测评的个性化奠定了理论基础。计算机替代手工自动控制测评的测验精度,平衡题目内容和题目类型,调整测验篇幅,实现题目的自动选择;人才测评信息化能够快捷地达到测评的最优化目标——测验篇幅最短、测验信息函数最大、测验离差最小、测验时间最短、测验信度最高、实得分数分布与目标分数的分布的拟合度最好。人才测评信息化的许多优点是以项目反应理论为基础的。譬如，它能够实现计算机化的适应性测评，随时使得后面的测评题目的呈现依据前面答题的反应情况来决定；它可以根据不同的测评对象确立不同的常模等。项目反应理论使得人才测评信息化更具科学性和实用性。

（三）人机交互作用理论

人才测评信息化中的测评主体和客体能够相互学习，它很大程度上得益于人机交互作用。人才测评信息化的一个重要特点就是利用人机交互作用的沉浸性，根据被试的反应不断学习和选择不同的模拟情景，有针对性地施加测试项目。仿真、实时、主动型的计算机三维动态图像、声音使得测试成为动态的交互作用，给予被试逼真的效果；测评能够实现自助、实时监控，适应自助式开放训练教室的要求，自行选择时间进行自助训练，消除被试的精神负担，提高测评质量。人机交互作用理论消解了那种认为只有直接的面对面的测评才是可靠和可信的偏见，为人才测评信息化的合法性提供了依据。

三、人才测评信息化的特点

人才测评信息化所依赖的技术特点从某种程度上决定了测评的特点。不过，人才测评信息化的特点远远超越了纯粹技术的范畴。信息技术的迅速发展使得人才测评信息化处于不断的变化之中。测评理论和技术的进步正朝着情景化的方向发展，有着浓厚的现实导向和实践导向，力图测评人在真实环境中的面貌。人才测评信息化的特点，也围绕这个方向展开。

（一）测评的形象性

在特别设有专家人工智能、模拟系统等装置的招聘情景种，可以使得测评生动、直观，提高了人才参加测评、考核的兴趣和热情，克服了因测评主体的差异所带来的影响。

（二）测评的简易性

人才测评信息化可以提炼出最简捷的测评项目，最大限度地涵盖测评要素，特别是仿真模拟装置可以将复杂的测评要素、项目经过科学提炼、归纳，使之简单化、科学化，更易操作和评价，实现测评设计的复杂性与测评结果的简洁性的统一。

（三）测评的安全性

人才测评信息化测评的量表、测评的项目建立在大量的题库之上，测评的数据具有层级的保密性；测评能够加入测谎内容，并注明测评结果的适用范围和应当注意的事项。

（四）测评的科学性

人才测评信息化能够随时检验测评的信效度，确保测评数据的科学性与准确性，可以排除人为因素，使测评成绩真实可靠，做到公开、公正、公平，提高测评和诊断的质量。人才测评信息化获得的大量数据，为今后测评的不断完善打下了基础，使测评保持连续性。

（五）测评的经济性

信息化人才测评可以在远距离进行，能够节省大量人力、物力，节约招聘时间，降低成本。

（六）测评的实效性

人才测评信息化能够在人机的互动中实现双方的学习。它既可以集测评与评价于一体，在测评之后能够马上打印测评结果；又能够实现测评与评价的分离，将测评结果交于专家进行点评，保证测评结果的合理、合法运用。

第三节 人才测评信息化须注意的问题和展望

一、人才测评信息化应用中所要注意的问题

其一，要重视测评软件本身可能表现出来的问题。人才测评信息化离不开测验软件的运用，软件的设计成熟与否决定了人才测评信息化的成熟度。当前很多测评软件尤其是心理测评软件是从西方引进的，其理论和方法大都以西方心理学为中心。据统计，西方人才测评软件多达 15 000 种，如果不在本土化的基础上加以修订就直接运用，往往会出现问题，即使是自主开发的测评软件，也因为测试的原因，往往存在不好用、格式不统一等问题。至于设计思路上的问题，更会在人才测评信息化中间接表现出来。据调查，现有各单位开发的测评软件在即时帮助、个人答题系统、团体数据处理系统和数据筛选系统等软件易用性的条目上，大多未能完全实现，测评报告不完善、功能模块不完整、保密性不强等问题，亟待解决。

其二，要防止过分迷信测评软件的倾向。任何测评软件都是基于一定的理论架构和特定的技术，不可能至善至美。所谓"智者溺于所闻"，人才测评信息化在对"传统"测评方法予以超越的同时，也就埋下了局限的种子。例如，忽略对面对面互动的细节和测试态度的把握；迷信软件的程序而忽视测评主体和客体双方能动性的刻板思维；跨越

了纸笔测验中的"语言陷阱"却有陷入"人机关系"陷阱的危险；网络模拟的沉浸性使得测评双方可能"梦里不知身是客,错把他乡作故乡"；偏信计算机得出的测评结果,执着于人才测评信息化得出的数据而置测评常识于不顾……所有这些倾向,都是值得警惕的。

其三,要防范过度的商业化取向。人才测评信息化系统开发周期长、技术要求高,由于种种原因,目前人才测评信息化的实施回报率很低,测验制作者或修订者得不到合理的经济利益,版权往往也受到很大程度上的侵害,得不到必要的法律保护。这样,不得不过度依赖人才测评信息化软件及其测评来赢利,这却会吞噬其科学性与信誉,使人才测评信息化急功近利,难以形成一个良好的外部环境,难以引导测评工作朝更广、更深的方向发展。如何在人才测评信息化的专业性、易用性、规范性及商业性方面谋求平衡,尚有待继续深入研究。

人才测评信息化为人才测评注入了新形式和新内容,但这并不意味着一般的人才测评方法就"过时"了。恰恰相反,一般的人才测评方法为人才测评信息化的使用限定了范围。特别是现阶段,人才测评信息化的应用需要和普通测评方法结合起来,借鉴其现实经验教训,才能够相得益彰,共同推进测评事业的发展。

二、人才测评信息化的展望

下面介绍测评信息化的操作方法及应用的前景展望。

首先,公司可以建立规范化的应聘简历登记表,根据自身设立的一些标准,不符合硬性条件的简历(要求应聘者扫描进相应证书)自动搁置一边,如果系统也可以自动删除,合格的简历可组成一份应聘者名录。

其次,现在也有一些大企业在人力资源招聘中也通过网络接收简历,给每位应聘者赋予一个应聘号码,把简历资料放在数据库中,但仅此而已,仅仅是把人力资源应聘者的材料档案放在计算机上存储,甚

至很少再多看一眼，没有起到实质性的效果，只是减轻了HR经理的劳动强度，而没有为他们提供任何参考性的、有借鉴意义的数据材料。人才测评信息化就不仅仅为HR经理们预备了大量应聘者的原始材料，更能与其进行良好的互动，HR经理可以要求应聘者自愿参与一些他们想了解的各方面素质的测评，并将测评结果存入数据库。

最后，HR经理在大量材料中挑选他所认定的合格的人选（也可以通过自动排序）并组织下一步的面试。当然，系统软件可以根据HR经理们所设定的个性化标准对应聘者的优劣进行排序。当然，网络化面试、可视化面谈（甚至是单向的可视化交流）也是可以实现的，不仅仅是单个的可视化交流，而且可以让他们进行群体讨论，比如，做得比较前沿的像浙江大学心理系工业心理学实验室，几年前就开始进行VCM群体讨论的实验室试验了。

试想，当HR经理们再也不用面对堆积如山的简历发愁，再也不用舟车劳顿，周游全国选人才，而是坐在电脑前鼠标一点人才就入选，这该是一幅多么动人的画面。

附 录

附录一 鞠门学派人才心理测评质量控制体系

一、立项

选择一个研发项目,鞠门学派人才测评研究小组会经过很长时间的酝酿,分别考虑两方面的因素:其一,关注当前国内外人力资源管理研究中的热点和前沿领域,在这方面研究小组会与上海财经大学、华东师范大学等高校的专家教授进行紧密的联系和广泛的讨论;其二,也关注企业管理实践中令管理者头痛的难点问题,比如员工诚信、员工离职倾向等方面,而实际上,国内的一些测评机构对此基本上束手无策。

二、反对委员会

项目的可行性报告出来以后,这个项目会否被采用成为下一步研究的对象。在鞠门学派人才测评研究小组中,主要是以反对委员会的形式进行决策的。

反对委员会是从西方引进的一种比较科学的决策方法。具体说来,反对委员会是将参加讨论的成员分为两个亚群体,即正方和反方(组成成员主要是心理测评小组成员,同时也邀请一些有经验的心理测评专家、资深人力资源管理和企业管理专家参加,尽量使得委员会的成员多元化);另外,再设一个仲裁委员会。正方站在方案是可行的基础上对自己的观点作出辩护;而反方则必须站在反对的立场上,尽量找出该方案的所有不足和缺陷,而不必站在理性和客观的立场上。双方进行持久的激烈辩论,仲裁委员会的专家群体对双方的观点进行冷静分析,最后经过群体共同决策而达成一致的意见,从而决定项目是否确定执行。

附录二 鞠门学派人才测评体系研发管理模式

一、维度的构思

立项过程也是研究目标确立的过程,同时它也指明了测验编制所指向的对象:哪些行为特征(是能力、情绪还是动机等)和哪些受测团体(被试的年龄、知识水平、性别等)。

由于每种行为特征有其不同的层面或构成因素,在确立了测验目的后,就须对测量目标分析。测量目标一般以成熟的理论为基础。对所测量的目标理论研究到何种程度,对它的测量通常也就止于何种程度。理论是人格测验和能力测验的基础,可以为测验的编制提供一种架构,更具体地说,是为测验的维度提供一个可资借鉴的基础。

但是,这并不意味着理论就是编制测验的唯一法宝,经验在测验编制的过程中也起着重要作用。有许多测验是以经验为基础的,但是其成本高、风险大。最好的办法是将这两者结合起来。鞠门学派人才测评研究小组不仅具有丰富的管理经验,而且拥有心理学专业各个方向的硕士以上学历的人才,这些都为测验的编制提供了坚强的技术后盾,为测验的准确性提供了保证。

维度初步设立后,鞠门学派人才测评研究小组会组织专家组来共同讨论确立维度,主要的任务是删除那些对所测量目标贡献不大的维度,并对维度的意义作出详细、具体的说明,避免出题过程中发生曲解维度意义的情况。

二、出题

维度的构思实际上就是测验编制计划的确定,而接下来的出题也是测验编制中一个重要的环节。收集测验项目的素材主要是通过两条途径:第一是采用群体讨论的方式从现实生活中寻找测题的素材;第二是从有关文献上查找相关的素材并对其进行认真分析、比较、筛选或改造,确定可用的素材来编写测验项目。项目编写主要是采用分散编写、集中讨论的方式,然后每个项目经过群体讨论,删除那些表面效度过高、有社会称许性、与维度相关不大以及有违社会传统道德的项目。

一般说来,鞠门学派人才测评研究小组采用以下五项原则作为编制题目的指导思想:

(1) 测题的取样具有代表性。测题是否能测到目标群体就是要看给予被试的测题是否代表了要测量的东西。

(2) 测题的难度要有一定的分布范围。测题应该包括各种不同的难度。所有的问题都难或所有的问题都易都不能有效测量要测量的东西。

(3) 测题文字叙述力求浅显简短,但又不遗漏必要的条件。

(4) 各测题之间彼此独立,不可含有暗示本题或其他题目答案的倾向。

(5) 测题的数目至少比最后所需要的题目多一倍,以备日后淘汰之用。

总之,在编制测验的过程中,要不断进行分析并删除那些不适当的测题,包括修改意义不明确的词语和取消一些重复的以及一些带有反应偏向的测题。在这里,测验编制者的出题、选择或修改是对测题进行的质的分析工作。

三、预测与分析

经过上述初步筛选出来的测题,虽然在编定测题过程中遵循测验的原理,并且在内容和形式上符合了要求,但它们是否具有适当的难度和鉴别力,仍然需要进行预测以进行量的分析,以此作为筛选测题的依据。

具体做法是:测验编制者将初步确定的测题结合成一种或几种预备测验形式,然后把这些预备测验实施于相应的人群,从而对测题性能的优劣获得客观资料,而不是凭测验编制者的主观臆测决定。测题预测过程中,遵循下列要求:

(1)预测的被试取自与正式测验相同的群体中,取样要具有代表性;

(2)预测力求按正规的要求及程序进行,与将来正式测验的情况近似;

(3)预测过程中,对被试的反应情况随时加以记录,为修改测题提供意见。

预测过程中对测试的每个环节进行认真、细致的记录,并在测试完成后征求部分被试的意见,最终的测验测题构成也得到有关专家的认可。

编制者可根据项目分析的结果来进行选题,只要鉴别力与难度指数合乎标准的题目都可以选为正式的题目。

四、补题

通过以上项目分析对测题进行筛选之后,如果题目数量与原定标准相差较远,继续重复出题和预测分析;如果测题进行筛选之后数量足够,那么这一步省略。

五、效标的选取

正式题目确定后,这个测验是否有效就需要进行检验,也即确定测验的效度。效度是一个测验最重要的特征之一,它是指一个测验是否准确,即是否能测量到它所测量的东西,一个测验如果没有效度就没有价值可言。检验效度的标准就是效标,比如要检验高考是否能够有效预测学生未来的学习成绩,可以选择学生进入大学后的学习成绩作为标准,两者相关越高,那么高考的预测效度越强。

六、常模

标准化是心理测验的基本要求之一,而常模是建立标准化要求最重要的步骤之一。个人在心理测验中所得的原始分数(测验分数)并没有什么意义,只有将它与其他人的分数相比较才有意义。常模的功用就是给测验分数提供比较的标准,从而对测验分数加以解释。

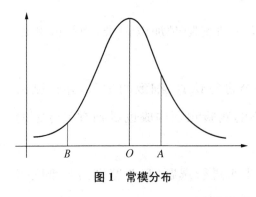

图1 常模分布

常模是根据统计学的原理而取得的。由于个体之间存在差异,每个人的得分也就有高低之分,表现为得分很低和很高的人比较少,而分数处于中等水平的人比较多,这个规律可以用正态分布来表示,如图1所示。

在图1中,O点位于正态分布图的中央,也即对整个人群而言,这一点所代表的测验分数处于中等水平,O点同时也是参照点,其他人的分数可以通过与之比较而得到,如A点位于分布图70%左右的地方,表明处于这一水平的个体比70%左右的人高,而位于O左方的B,则比10%的人高。通过这一方法就可确定每一个体在整个群体中的位置,进而可以确定他们的标准分。

常模可靠与否,在很大程度上依赖于所选择的样本是否能代表将要测量的目标群体,样本规模越大常模越可靠。鞠门学派人才测评研究小组所采取的样本规模全部在500人以上,是在全国范围内的目标群体中取样,以随机抽样为主,这充分保证了常模的可靠性。

七、技术报告

以上步骤及数据分析结果由鞠门学派人才测评研究小组专家撰写成技术报告备案,并由总负责人最后审核。

八、测验软件化

把成型的纸笔化心理测验由鞠门学派人才测评研究小组中的技术人员编写成软件化程序,这一步非常需要具有心理测量学背景的研究人员与计算机专家的紧密合作。鞠门学派心理测评软件人机界面友好,操作简洁明了,测评结果报告图文并茂,能够完成结果查看、分数查询、名次排列等诸多功能。

附录三 鞠门学派人才测评体系研发质控

为了确保测验量表编制质量,鞠门学派心理测评研究小组还特别设立了质控机制。这种质控机制在一般机构中是没有的,也是鞠门学派人才测评研究小组的一大特色。

一、立项

组织反对委员会讨论立项,由研发领导组织,群体决策项目是否实施,如前所述。

二、设立维度

由项目负责人充分思考提出最初的维度设置,项目负责人组织专家讨论会共同讨论维度设置。鞠门学派心理测评研究小组领导拥有否决权,项目负责人有决定权,如前所述。

维度设置必须符合以下条件:

(1) 反映测评目的;

(2) 维度变量和测量主题基本呈线性关系;

(3) 各个维度有独立性;

(4) 维度范围适度,不可过于具体也不可过于抽象。

三、出题

鞠门学派人才测评专家据维度出题,以项目负责人出题为主,其他人员为辅。

题目不得有以下情况:

(1) 原文抄袭书籍、网络或其他公开媒体发表过的量表中的项目;

(2) 表面效度高;

(3) 歧义,不同人有不同理解;

(4) 普遍性不够,被试很少遇到题目所述情况;

(5) 多次重复否定;

(6) 与相应维度不相关;

(7) 涉及政治以及与道德伦理相悖。

四、筛选

项目负责人按上述标准将题目集中,然后组织相关人员进行项目的初步筛选与修改工作。

五、预测

项目负责人组织预测。进行标准化施测,让被试清楚了解自己要做的事情,指导语简单清晰,文化程度、年龄、收入以及职位的选项合理严密,并根据被试的实际情况灵活调整。

六、项目分析

预测数据由鞠门学派人才测评研究小组安排两个人输入,设专人对比检查数据输入,并对错误数据予以修正。

由项目负责人和另一位专门负责核验的研究人员分别计算出每个项目的方差、鉴别力指数(D)、与分量表的相关系数和与总分的相关系数。如果是能力测验还要计算出难度(通俗度),需要的话还要做因素分析,和以上内容一起汇报。

由项目负责人组织人员开会讨论筛选题目。

七、补题

具体要求同"出题"。

八、效标方案设计

由项目负责人充分思考提出最初的方案,项目负责人组织专家讨论会共同讨论方案设计,经大家集体讨论表决直到通过。

效标选取必须兼具客观性和可操作性。像鞠门学派人才测评体系中的诚信测试,就采用诈骗犯人员与正常人群作差异检验的方式,如果正常人比诈骗犯在诚信测试问卷上得分显著高的话,就说明问卷有效。

九、效标方案实施

由项目负责人选效标。进行标准化施测,让被试清楚了解自己要

做的事情，指导语简单清晰，文化程度、年龄、收入以及职位的选项合理严密，并根据被试的实际情况灵活调整。

比如，诚信测试的效标是这样实施的：首先和监狱部门取得联系，让一批诈骗犯来做自编的诚信测试，然后把诈骗犯的测试结果与随机抽取的一批正常人群作比较。结果发现，在所有的维度及总分上两类人群都存在着显著性差异，由此证明了设想，编制的诚信测试能够区分这两类人，该测试是有效的。鞠门学派人才测评体系中所有的测试都要经过类似的效度检验。有些项目就是因通不过效度检验而遭淘汰的。

十、效标数据输入

效标数据由鞠门学派人才测评研究小组分别安排两个人输入，并由专人对比检查输入的数据并修正可能的错误。

十一、效度分析

项目负责人和研究小组安排专门负责核验的研究人员分别作一份效度分析表，结果交予大家讨论，用类似于论文答辩的方式确定此项目是否通过。

十二、常模输入

常模数据由鞠门学派人才测评研究小组安排两个人输入，并由专人对比检查输入的数据并修正可能的错误。

十三、常模分析

项目负责人和研究小组安排另外一个人作常模分析，结果分别报告专家。

十四、质检

由鞠门学派心理测评研究小组进行招聘实战,组织有经验的面试官和招聘专家给予评价,与应聘者的测验结果作对比检验。

十五、软件化

项目质量得到批准后,形成书面报告,而后转给软件设计人员。软件设计完成后,并检查两种工具检测结果是否一样。另外,把成型的测评软件交予上海计算机软件技术开发中心的专家进行功能检测,以此确保软件的人机界面友好、性能稳定。

主要参考文献

［1］［美］加里·德斯勒著,刘昕译,《人力资源管理》,中国人民大学出版社,1999年。

［2］［英］维克托·杜勒维奇,"寻找最佳员工",《国外社会科学文摘》,2002年第5期。

［3］萧政鸣,《人员素质与测评》,高等教育出版社,2003年。

［4］张华初、朱华等,"我国人才测评存在的问题及对策",《中国人力资源开发》,2003年第12期。

图书在版编目(CIP)数据

中国化人才心理测评/鞠强主编. —上海：复旦大学出版社,2017.8 (2020.5 重印)
ISBN 978-7-309-13165-9

Ⅰ.中… Ⅱ.鞠… Ⅲ.人才-心理测验 Ⅳ.C96

中国版本图书馆 CIP 数据核字(2017)第 183170 号

中国化人才心理测评
鞠　强　主编
责任编辑/宋朝阳

复旦大学出版社有限公司出版发行
上海市国权路 579 号　邮编：200433
网址：fupnet@fudanpress.com　　http://www.fudanpress.com
门市零售：86-21-65642857　　团体订购：86-21-65118853
外埠邮购：86-21-65109143　　出版部电话：86-21-65642845
常熟市华顺印刷有限公司

开本 787 × 1092　1/16　印张 14　字数 166 千
2020 年 5 月第 1 版第 2 次印刷
印数 4 101—6 200

ISBN 978-7-309-13165-9/C・350
定价：35.00 元

如有印装质量问题，请向复旦大学出版社有限公司出版部调换。
版权所有　　侵权必究